A Psicologia da Sociedade Integral

I0439831

Laitman
Kabbalah
Publishers

Michael Laitman, PhD, com Anatoly Ulianov, PhD

A Psicologia da Sociedade Integral

Copyright © 2011 by Michael Laitman

Todos os direitos reservados
Publicado por Laitman Kabbalah Publishers
www.kabbalah.info info@kabbalah.info
1057 Steeles Avenue West, Suite 532, Toronto, ON, M2R 3X1, Canada
2009 85th Street #51, Brooklyn, New York, 11214, USA

Impresso no Canadá

Número de Controle da Biblioteca do Congresso: 2011914225

Editores: E. Sotnikova, A. Posternak, T. Spivak, E. Hayman, I. Popovich, A. Brener
Tradução: Keren Applebaum
Produtor e Editor: Debra Rudder
Layout: Baruch Khovov
Capa: Rami Yaniv
Editor executivo: Chaim Ratz
Publicação e Pós-Produção: Uri Laitman

Primeira Edição: Março 2012
Primeira Impressão

ÍNDICE

Sobre os autores

Anatoly Ulianov é um Gestalt-terapeuta certificado pela Associação Europeia para Gestalt Terapia (EAGT), professor de Psicologia do Instituto de Educação Estética de Moscou, treinador e instrutor na Academia Internacional de Liderança em São Petersburgo e consultor para vários programas de televisão.

Michael Laitman é professor de Ontologia e Teoria do Conhecimento, PhD em Filosofia e Cabalá e mestre em Bio-Cibernética. Fundador e presidente do Instituto de Pesquisa Ashlag (ARI), organização não comercial que trabalha para concretizar ideias inovadoras na política educacional para a resolução de problemas sistêmicos da educação moderna e capacitação. Já escreveu mais de 40 livros traduzidos em mais de 17 idiomas.

Introdução

O mundo em que vivemos hoje é global e integral.

Isso significa que todos os seus componentes e sistemas são completamente interdependentes e cada elemento determina o destino de todos os outros do mundo. Esse estado é o resultado do progresso e, a partir deste momento, não há espaço para discórdia entre as diferentes partes do mundo, já que tudo o que é contra a integração é contra a evolução, o progresso e, mais importante, contra a lei da Natureza.

Nós todos precisamos perceber que a conexão absoluta entre todas as partes do mundo é um fato.

Uma pessoa que caminha simultaneamente com essa integração terá êxito, porque *terá as habilidades necessárias para a sobrevivência.*

Hoje, não são os mais fortes que irão sobreviver. Em vez disso, a sobrevivência depende da habilidade em entender e apreciar que integração, cooperação, interligação, garantia mútua, concessões e unificação são chamadas Natureza. O objetivo da Natureza é trazer a humanidade à equivalência com a própria Natureza, para a harmonia suprema entre todas as suas partes e para completar a perfeição.

O Chamado da Natureza por União

- Crianças de Outro Mundo
- Criando uma Nova Internet Unificadora
- A Revelação do Novo Mundo está na Comunicação
- A Internet Além do Contato Físico
- A Função do Instrutor na Formação
- A Participação dos Pais na Educação Integrada
- Um Método para Crianças e Adultos
- Um Diferencial, Abordagem Integral da Natureza
- O Critério para o Sucesso É a Integridade do Homem no Ambiente
- A Habilidade de Atuar na Educação

CRIANÇAS DE OUTRO MUNDO

Já se passaram alguns meses desde que nós iniciamos nossas conversas sobre psicologia integrada e, durante esse tempo, temos tentado aplicar o método que você descreveu. Baseado nessa experiência, tenho algumas observações e questões que eu gostaria de colocar para você hoje.

- Como se constata, as crianças estão muito mais preparadas do que seus pais para aceitar o método da psicologia integrada.

- E talvez as crianças estejam até mesmo mais preparadas que os próprios instrutores; as crianças estão à frente de todos.

- Os pais têm de estar preparados tanto para não interferir no desenvolvimento de suas crianças, como também para entender que esse método irá ajudá-las. Afinal, qual é a função dos pais nesse método?

- Atualmente as crianças são completamente diferentes. Nós não conhecemos as características do novo mundo, então nos parece que as crianças de hoje são estranhas e excêntricas. Certamente elas não são como nós. Elas parecem estranhas para nós, porque nasceram com rudimentos pré-existentes do próximo estado social do mundo, que é global e integrado, de acordo com o desafio que a Natureza nos apresenta hoje. Pressionando-nos por dentro e por fora, a Natureza está nos forçando a adotar uma nova forma de conexão entre nós, pela qual nós, adultos, sequer sentimos desejo.

E mais, as crianças de hoje já nascem com predisposição para a percepção integrada, por isso, enquanto a nova realidade parece estranha a nós, para elas é completamente natural e até mesmo desejável. As crianças entendem isso tão bem que poderiam ter vindo de outro mundo e não serem realmente absolutamente nossos filhos. Elas percebem tudo como natural, porque a percepção integrada é realmente natural. Ela é a natureza da realidade que está sendo gradualmente revelada hoje.

Além disso, não são as crianças que têm problemas, são seus pais e professores que estão tentando implementar um novo método de conexão entre as pessoas, um método oferecido pela Natureza. Os adultos ainda estão numa fase de transição, enquanto as crianças já estão maduras para isso.

Agora é realmente uma época especial. Nós estamos bem no meio de uma transição de um nível egoísta, proprietário, individual, para um nível altruísta, integrado e global, em que todos devem estar interconectados.

Como podemos fazer esta transformação? Somente com a ajuda das mídias de massa. Essa transformação será possível se os representantes públicos e as pessoas influentes do mundo entenderem a necessidade da mudança e cuidarem da geração futura.

Como de costume, porém, tudo recai sobre os ombros dos professores e do departamento de educação, que ainda não estão focando a educação, mas sim o educar. É por isso que todo o sistema educacional está se despedaçando.

Eu penso que a internet, juntamente com a chamada para nos tornamos integrados — o clamor da Natureza à humanidade — é a resposta para a questão "Como vamos alcançar a educação e a formação globais?". Isso só pode ser feito a partir da internet. A internet é a plataforma mais barata, mas ela provê a melhor acessibilidade e pode facilitar a criação de um novo ser humano, que não seja restrito por nenhuma fronteira. Além do mais, nós não estamos formando apenas um novo ser humano, mas um mundo completamente novo, que será realizado dentro dele.

Como "o mundo" é definido? O mundo é o que nós percebemos. Certamente, se nossas sensações mudarem de egoístas para altruístas, o mundo irá mudar da mesma forma, porque iremos percebê-lo de maneira diferente. Afinal de contas, o mundo é percebido por sensações, o que significa que ele pode parecer para nós de um modo completamente diferente.

Essa é a abordagem materialista comum, a científica. Nós vemos que nossa percepção ou atitude frente à realidade muda completamente o modo como nós percebemos a realidade. A realidade, portanto, é relativa.

Engels, Einstein e todas as mais novas teorias, incluindo a psicológica, concordam com isso. Nós não estamos dizendo nada novo. Estamos simplesmente convidando o mundo para ver essa educação global, integrada, formando nosso novo nível humano pelo qual nós entramos atualmente no mundo da relatividade de Einstein, o mundo do próximo nível.

Não há distância entre esse mundo e o próximo nível, porque a distância é mensurada por sensações, e as nossas sensações não irão mais repelir umas as outras, mas, em vez disso, irão unir-se umas às outras. É como se nós superássemos as distâncias entre nós. Elas se tornam psicologicamente reduzidas a zero, porque nós atingimos o princípio de "Amar ao próximo como a si mesmo".

Assim nós alcançamos um estado em que o tempo se torna restrito. Agora mesmo o tempo está entre nós e o nosso egoísmo. Se todos nós, porém, estamos dentro de uma única esfera de desejo, então, em termos práticos, o tempo não existirá. Estando nessa esfera, nós gradualmente aceleramos o tempo, contraímos o espaço e mudamos de um mundo de sensações físicas para um mundo virtual.

Esse é o chamado da Natureza por unidade. O chamado não é somente para nós superarmos a repulsão entre nós, mas para nos elevarmos a um novo nível de percepção da vida.

Muitas pessoas já começaram a perceber o mundo dessa maneira. E nós também vemos como a juventude espera alcançar esse mundo e entrar nele.

CRIANDO UMA NOVA INTERNET UNIFICADORA

- As crianças estão prontas para a nova realidade, mas os pais estão amedrontados com ela. Quando nós fizemos experiências com os pais, parecia que eles estavam interessados no método integrado, mas tão logo tiveram oportunidade de testá-lo na prática, o hábito das proibições foi ligado. Os pais também estão com medo da internet e de suas possibilidades e tentam controlar as informações a que as crianças têm acesso e, de fato, muitos sites da internet contêm informações negativas. Então qual é a maneira apropriada de permitir às crianças navegarem na internet?

- A internet é um ambiente completamente livre, como uma faca de dois gumes, ela pode ser um elixir da vida ou um veneno letal.

Naturalmente, a juventude, com o surgimento dos hormônios, a sensibilidade à opinião pública, os estados emocionais intensos e a instabilidade psicológica inerente, está sujeita a toda sorte de riscos. Eu penso, porém, que os jovens são atraídos pela comunicação. Em nossos espaços, eles estão realmente aptos a socializar uns com os outros livremente, e essa socialização dá a eles um senso de "transcender" as influências negativas, incluindo aquelas encontradas na internet.

Não há realmente qualquer escolha nessa matéria: nós devemos participar da competição que já está na internet, e penso que isso é uma coisa boa. Nós vamos aprender com ela e vamos contornar os obstáculos de um modo que nos tornará mais atraentes ao fornecermos as melhores respostas às questões dos jovens.

Nós estamos em uma guerra contra poderosos oponentes cuja meta é vender a nossas crianças qualquer coisa que lhes traga lucro. E geralmente essas coisas são ruins para as crianças. Essa guerra, no entanto, é precisamente o meio que nos permite encontrar a forma certa de nos expressarmos a fim de realmente alcançarmos a nova geração.
Esses obstáculos são, primeiro e acima de tudo, para nós e não para nossas crianças, porque é como vamos começar a entendê-las. Com os pais tentando abrir caminho até as crianças a partir do envolvimento em diferentes sites — que são atraentes devido à facilidade de acesso, simplicidade e exposição — nós vamos aprender a entender a natureza da nova sociedade que estamos tentando criar. Nós, adultos, estamos começando a entender a natureza do desafio. Somos a geração passada, enquanto nossos filhos são a geração futura. A transição do passado para o futuro acontece precisamente mediante a guerra sobre o novo espaço virtual no qual a humanidade vai verdadeiramente se unir.

Além disso, nós não somos contra as pessoas serem expostas ao sexo online. O único problema que eu vejo são os sites que promovem a violência. Na realidade, até mesmo esses não são um grande problema, porque eles vão se dissipar. Esses sites violentos mostram sua ganância, cólera e negatividade e as pessoas não vão se sentir atraídas por eles.

Penso que temos de explicar gradualmente nossa visão de mundo e como ela é ativada pela lei da Natureza. Nós não podemos mudar as leis da Natureza. Nós simplesmente precisamos explicar às pessoas as leis do desenvolvimento, os limites nos quais existimos e o que nós temos de executar de uma forma ou de outra. E quanto mais cedo nós fizermos isso, melhor será para todos; nós não temos, portanto, de esperar que os golpes nos forcem à adesão às condições das leis da Natureza.

A REVELAÇÃO DO NOVO MUNDO ESTÁ NA COMUNICAÇÃO

- O que há de tão especial nesses espaços na internet para o novo mundo? E como eles devem ser fundamentalmente diferentes dos que existem agora?

- Eles devem fornecer à nova humanidade, às crianças e à juventude a oportunidade de se conectarem e lhes permitir incessantes análises psicológicas de si mesmas e do mundo. Uma conexão que mostre a elas o quanto o mundo depende de sua percepção psicológica. Assim, sua crescente proximidade, adquirida quando saem de si mesmas e penetram os outros, lhes dará o sentido de um novo mundo. Elas ficarão encantadas por esse modo de comunicação, porque terão uma enorme necessidade disso.

O jogo de revelar esse novo mundo é verdadeiramente fascinante. Nós precisamos criar diversos treinamentos psicológicos e jogos interessantes que demonstrem a propriedade do método de formação e como o mundo muda, quando mudamos nossa forma de olhar para ele. O mundo é relativo, a Natureza é criativa, assim como a distância, o espaço e o tempo. Tudo se desdobra das nossas sensações. Isso é o que nós temos de mostrar a todos.

Nosso mundo atual é imóvel, rabugento, inflexível e formal, porque o sentimos a partir de uma qualidade — egoísmo — e não a partir de duas qualidades paralelas — egoísmo e altruísmo. Quando essas duas qualidades se alternam constantemente em uma pessoa e se entrelaçam de diferentes formas, um processo poderoso ocorre, a pessoa começa a experimentar uma nova aventura virtual.

Nós precisamos criar espaços *on-line,* no qual jovens e adultos de diversas mentalidades possam se comunicar livremente, mesmo falando idiomas diferentes (usando, por exemplo, tradução automática). Eu entendo que isso deva ser difícil, mas é o que temos de alcançar — um ponto no qual a humanidade se eleve acima das barreiras da linguagem e, de fato, acima de quaisquer diferenças! Então, a partir desse tipo de comunicação, as pessoas irão descobrir novos estados de existência.

Esse processo se tornará cada vez mais cativante para todos, mais do que qualquer filme, porque abordamos os filmes meramente como espectadores e nos identificamos apenas superficialmente com eles. No novo tipo de comunicação, as pessoas irão experimentar novos estados dentro delas. Elas entrarão em aventuras internas e experimentarão intensas transformações que não poderiam experimentar em nenhum outro lugar.

Naturalmente, os vários dispositivos físicos permanecerão, mas eles irão apenas complementar a experiência. A princípio, somos consistidos inteiramente por um desejo de desfrute e satisfação. As pessoas irão sentir uma intensa satisfação interna, estados psicológicos serão a revelação do novo mundo! Eles serão tão poderosos que, se não suprimirem nossos desejos físicos, irão pelo menos mudar a atenção das pessoas — até mesmo dos jovens — dos hormônios (embora não sejamos contra eles) para a realização do novo mundo e de mim mesmo dentro dele.

A INTERNET ACIMA DO CONTATO FÍSICO

- É aconselhável haver uma divisão por sexo ou idade nos espaços *on-line* nos quais as pessoas ficarão juntas, ou a audiência pode ser completamente diversa, como em uma situação natural em que cada pessoa simplesmente procura o espaço mais interessante e mais próximo?

- Tudo depende do grau de extensão em que vamos nos adaptar à internet, esse espaço virtual. Hoje ele ainda está em um estado rudimentar. Isso exigirá grandes esforços para criar novas e apropriadas formas de comunicação. Não há programas que permitam a milhares de pessoas participarem simultaneamente de um fórum, socializar e ver a si mesmas em um espaço virtual se elas não estiverem na mesma sala. Isso ainda é muito difícil de realizar.

A internet precisa elevar-nos acima da sensação do espaço físico. Ela tem de criar a ilusão ou a sensação do espaço, um sentimento de estarmos incluídos um no outro. Nós não temos tais instrumentos ainda, mas eu espero que eles sejam desenvolvidos.

Nós temos de usar o que temos. Nós acreditamos que a Natureza é livre de erros, que ela está nos guiando para frente, dando-nos precisamente as oportunidades de que nós precisamos a fim de avançarmos. Temos de usar essas oportunidades como um exercício que gradualmente nos prepara para os estados futuros. Esses estados, então, irão surgir e evocar o aparecimento das novas tecnologias que o revestem.

- Nessa comunicação virtual, há espaço para os talentos e as habilidades individuais?

- Penso que a diferenciação acontecerá em seu próprio termo. Pessoas se reunirão como elas fazem na sociedade normal, de acordo com suas características, interesses e assim por diante. Eu também penso que não há necessidade de fazermos qualquer distinção entre homens e mulheres. Quando nós damos às pessoas a chance de socializar, nós não deveríamos criar nenhum tipo de fronteira.

É claro, porém, que seria melhor se os homens se socializassem mais com outros homens e as mulheres com mulheres. Por outro lado, é muito difícil para a mulher socializar em ambientes exclusivamente femininos.

Os homens têm de desenvolver certo tipo de conexão que não seja baseada em interesses materiais, mas em um nível mais alto: o nível humano em vez do nível animado. Eles têm de ter oportunidade de se comunicarem, se conectarem, se favorecerem e se unirem, separados da comunidade feminina.

Nós vemos que essa divisão acontece em toda sociedade: há um setor masculino e um feminino. Por exemplo, até mesmo Hollywood, não importa quão liberal seja, faz alguns filmes direcionados principalmente para os homens e outros para as mulheres.

Você não pode fazer nada para mudar isso. Nós somos uma parte da Natureza e somos naturalmente divididos. Essa divisão entre os sexos é a mais vívida e a mais estrita. Ela divide tudo de cima a baixo, em todos os níveis — inanimado, vegetativo, animado e humano.

Além do mais, eu penso que nossa formação também irá diferenciar as pessoas por sexo. Elas, no entanto, têm de fazer sua própria análise, encontrar o melhor lugar para socializar e decidir o quanto devem evitar o sexo oposto a fim de atingir unidade com o elemento do próprio sexo. Talvez as mulheres também possam se unir de alguma forma, porém num nível diferente, porque a unificação do homem é inerente à Natureza, ao contrário da unificação feminina.

A FUNÇÃO DO INSTRUTOR NA EDUCAÇÃO

- Se crianças de 9 a 12 anos encontram um espaço e começam a socializar, é necessário que um instrutor participe desse processo a fim de guiá-las?

- O instrutor é necessário, porque de outra maneira nenhuma formação estaria tomando espaço. Educação é quando uma pessoa mais velha, que conhece os futuros estados da juventude, está presente e auxilia os jovens a partir daquele estado. Além disso, o instrutor deve fazer isso gradualmente, sem ser notado, como se estivesse dando dicas.

O educador, ou instrutor, deve ficar invisível. Ele está no nível das crianças. Isso, entretanto, é assim, porque ele desce de seu nível mais elevado a fim de elevar os estudantes até seu próprio nível. É como um elevador que desce a fim de elevá-los. Essa é a função do instrutor.

Quando ele desce, ele está, no entanto, no mesmo nível dos jovens. Eles não sentem que o instrutor é especial ou que ele é um adulto. Eles o veem como alguém que está lá para ajudá-los. Ele não faz nada de especial e não dá nenhuma ordem, nem tenta dominá-los de qualquer forma. Eles devem senti-lo como "Nada além do que nós somos".

Sua maestria está em sua capacidade de influenciá-los gradativamente, a partir do interior, de um modo que é imperceptível aos jovens. Dessa maneira, ele os reúne e lidera na decisão de subir mais alto. Ele desperta esse interesse neles a fim de que seus desejos internos, questões e várias pressões gradualmente se transformem em um desejo por união, e assim se elevem até o próximo nível. Ele tem de dar dicas a eles sobre como ficarem unidos. Por conta própria, eles não têm ideia de para onde seu desejo está sendo guiado, mas ele discretamente monitora a direção desses desejos a partir de várias sugestões e pistas, enquanto os jovens não percebem que ele está fazendo isso. Então, de repente, eles dizem: "Sim, isso é exatamente o de que precisamos" e eles avançam, sem nenhuma dúvida de que alcançaram o progresso por conta própria.

Essa abordagem está de acordo com o principio "Eduque uma criança de acordo com sua própria maneira de ser".

A FUNÇÃO DOS PAIS NA FORMAÇÃO INTEGRADA

- Os pais querem monitorar suas crianças de alguma forma e participar desses processos. Eles tentam entrar como intrusos, com nomes falsos, a fim de observar o que seus filhos estão fazendo. Isso é apropriado?

- Para serem amigos virtuais de seus filhos?

- Sim! É como abrir o diário de seu filho e lê-lo enquanto ele não está em casa. É muito importante entender que função os pais têm de exercer e quanto eles devem participar nesse processo. Nós temos um lugar nisso ou não? Como os pais devem conseguir informação?

- Eu não vejo os pais tendo qualquer função no espaço virtual. Os pais têm de entender que têm de ser amigos dos seus filhos e discutir tudo com eles, mas não onde seus filhos não querem vê-los. Afinal, eles não são mais crianças. Nós estamos falando de adolescentes, que já são praticamente adultos.

Toda a base de uma futura pessoa é formada entre 6 e 9 anos. Depois dos 9 anos, nós apenas desenvolvemos o que já foi incutido. Entre os 9 e 13 anos, já é o período em que a sua personalidade é formada. Após os 13 anos não há mais nada que possa ser feito pela pessoa. É muito difícil mudar qualquer coisa nela! Todos os dados e valores que foram incutidos nela adquiriram sua forma final.

Esse é um grande problema. Os pais pensam que os jovens ainda são suas pequenas crianças! Mesmo quando a criança tem 20 anos, os pais ainda estão dispostos a correr atrás dela e lhe dar ordens, tentando protegê-la de tudo. Os pais precisam entender uma regra simples: eles não podem intervir no processo de formação que nós fornecemos. Adicionalmente, os pais precisam aprender a aplicar o mesmo método de formação em suas crianças em casa. Isso equivale a serem simples, sinceros e amigáveis com seus filhos e a lhes mostrar que concordam com sua formação. É assim que os pais vão ganhar a aprovação de seus filhos, desse modo os filhos não irão considerá-los dinossauros ou, pior, inimigos. Os pais têm de mostrar às crianças que confiam nelas e, de várias formas, precisam fazê-las entender que eles as respeitam por caminharem rumo ao novo mundo.

O respeito próprio que você despertou em uma criança com sua atitude frente a ela é da mais alta importância! Seria profundamente benéfico para os pais assistirem a programas de televisão ou da internet juntamente com seus filhos, ou seja, programas que mostrem o tipo correto de modelos de comunicação e relacionamento, incluindo programas que retratem todos os tipos de problema, juntamente com suas soluções, como um filme para toda a família destacando o tema "pais e filhos", mostrando a lacuna entre as gerações.

- Nós descobrimos que os programas a que as pessoas estão mais interessadas em assistirem juntas são aqueles em que as crianças falam sobre como percebem seus pais. Isso é muito interessante! As crianças mostradas no programa tinham 12 anos de idade e, pela primeira vez em suas vidas, os pais ouviram como são vistos por seus filhos.

Há um ditado que diz: "Todos sabem como curar as pessoas, como conduzir o governo e como educar as crianças.". O que descobrimos foi que os pais atualmente se esforçam para aperfeiçoar esse método. Eles intervêm e dão seus próprios conselhos.

Como deve ser definido o tipo correto de interação com os pais? Como lhes dar espaço para serem criativos?

UM MÉTODO PARA CRIANÇAS E ADULTOS

- Eu trabalho com pais que estão aprendendo a abordagem integrada e o sistema de unificação. Eles acham interessante participar do processo. Não estão interessados em apenas esperar pelo resultado das crianças, mas estão convencidos de que elas nasceram em um novo mundo e merecem senti-lo, que merecem existir em uma humanidade integrada, global. E ambos, pais e filhos, acabam tendo um interesse em comum, que é transformarem a si mesmos para se adequarem à nova matriz que a Natureza está colocando diante deles. É por isso que é fácil para nós encontrar um campo comum entre pais e filho, porque suas aspirações são praticamente as mesmas.

O fato de isso ser fácil para as crianças, mas difícil para os pais, não pode ser mudado, porque esse é um período de transição. Períodos de transição nunca são fáceis: há toda a sorte de impulsos, flutuações e desvios do estado equilibrado. Essa comunidade, porém, vive um movimento unificado, como se fosse experimentar uma aventura extremamente interessante ou um *hobby*, e é assim para os pais e para os filhos também.

Eu penso que nós não deveríamos tirar dos pais a oportunidade de passar por essa mudança positiva e revelar o novo mundo. A idade deles não é um obstáculo. Se nós os envolvermos, então, em vez de serem observadores passivos ou até oponentes, eles serão participantes ativos. Esse é o nosso objetivo.

É por isso que temos de desenvolver e disseminar o método da formação integrada, global para todas as faixas etárias.

- Como o método difere para adultos e crianças?

- Ele difere um pouco no modo como é implementado. O método para crianças envolve estudar com elas por muitas horas, durante um período distinto da escola regular. O programa da escola regular é reduzido e substituído por uma "hora educacional", entretanto não é realmente uma hora, mas muitas horas por dia. As crianças tomam parte em debates, fóruns e todos os tipos de socialização e jogos.

Tudo visando a mostrar à pessoa que você pode alcançar resultados positivos somente quando você está unido a todos. Tudo o que não é obtido junto é negativo.

Isso é um pouco mais difícil de mostrar a adultos. Você não tem, no entanto, de mostrar tudo aos adultos, usando exemplos da vida. Os adultos precisam de explicações lógicas, com exemplos da Natureza. Crianças, por outro lado, não se impressionam com a lógica. Elas precisam de explicações diretas e exemplos. Aí, portanto, está a diferença no método, mas, a princípio, a idade não importa.

- Para entender o método entre as crianças, elas têm de socializar e conduzir discussões sobre o que elas viram e aprenderam?

Adultos trabalham em sua intenção principalmente internamente. A comunicação entre eles e os discernimentos que constroem são invisíveis. Os pais, porém, também devem se sentar juntos em um círculo, como as crianças, e discutir coisas?

- Nós vemos que pessoas jovens que se apaixonam simplesmente juntam os quadris e vão a todo lado de mãos dadas. Depois, no entanto, seu relacionamento entra em uma fase calma, quando você simplesmente coexiste com a pessoa que você ama, e os dois entendem um ao outro. Você aspira a reduzir a distância entre vocês, mas vocês não têm mais a necessidade de se tocarem ou falarem sobre seus sentimentos.

De certo modo, vocês mudaram para uma fase "virtual" na sua comunicação. Vocês já entendem e sentem um ao outro à distância. Você sente a solidariedade que vocês criaram em seu relacionamento, então naturalmente uma fase mais calma se estabelece.

Não significa que vocês pararam de amar um ao outro ou que vocês não queiram sentir um ao outro fisicamente. É uma conexão que emergiu entre vocês que não requer mais uma complementação física constante, expressão e provas. E a mesma coisa acontece aqui.

Quando você tem um grupo de crianças que apenas começaram a assimilar o método, é necessário influenciá-las com músicas, danças, jogos, comunicação, fóruns, debates, etc.. Quando, porém, você tem um grupo de pessoas que já está avançando nessa unificação, que já está formando isso internamente e está diariamente estudando o método da formação integrada, global, então essas pessoas não requerem grandes ações externas, físicas. Entendem que tudo está presente naquela formação interna e seu trabalho é feito sem nenhuma palavra. Isso acontece apenas em seus sentimentos, assim como entre pessoas que são próximas e se entendem sem palavras.

É assim que as pessoas se unem gradualmente, como está escrito: "Um só homem e um só coração". Depois de tudo, uma pessoa não fala consigo mesma. Tudo acontece dentro dela, automaticamente, até mesmo inconscientemente. Esse é o tipo de conexão que tem de emergir entre as pessoas.

UM DIFERENCIAL, ABORDAGEM INTEGRAL DA NATUREZA

Para as crianças, o processo de aprender sobre a vida é ativo e multifacetado. Elas têm de aprender como bancos, hospitais e depósitos funcionam. Elas têm de visitar o zoológico, os campos onde o milho cresce, um planetário, e assim por diante.

Elas, então, devem discutir como tudo isso está interconectado. As impressões concretas e fragmentadas do mundo devem eventualmente se conectar em uma imagem única, integral que lhes dará a impressão do mundo como um todo.

Nós somos aqueles que dividem o mundo em partes, nos níveis inanimado, vegetativo, animado e humano. Nós também o dividimos em todos os tipos de ciências, mas que ciências podem existir na realidade? Tudo é a Natureza! A Natureza é uma. Somos apenas nós que a dividimos em disciplinas, tais como biologia, zoologia, botânica e geografia, por causa de nossa percepção limitada, porque nós não podemos compreender tudo ao mesmo tempo.

Temos de mostrar às pessoas que existe uma abordagem diferencial, a integrada. Nós temos de tornar essas duas abordagens evidentes e deixar as pessoas entenderem que o mundo agora está transitando das diferenciações em setores e níveis para um novo mundo integrado e inteiramente interconectado.

Mesmo que nós recebamos impressões fragmentadas de como fábricas e bancos funcionam, ou planetários, depósitos, e assim por diante, depois de tudo nós temos de unir tudo em uma humanidade única. Dessa forma, mesmo que as crianças vejam qualquer fenômeno no mundo, elas estarão aptas a percebê-lo como parte do todo comum e, portanto, nunca tomarão a decisão errada.

Toda a crise atual está ocorrendo, porque nós não podemos abordar o mundo integralmente. É por essa causa que a humanidade se mantém repetindo os mesmos erros. Nós não podemos resolver um único problema, porque não somos internamente holísticos. A única forma de resolvermos os problemas do mundo atual é vendo-o como um todo. Nós temos de conversar com nossas crianças sobre a união entre as pessoas e como elas podem se aproximar, porque esse é o método da Natureza. Fazendo isso, nós iremos despertar a única força da Natureza e isso irá influenciá-las. De acordo com a lei de equivalência de forma, nós evocaremos a influência da força superior da Natureza sobre elas, a força que une e inclui tudo, inclusive nós.

O CRITÉRIO PARA O SUCESSO É A INTEGRIDADE DO HOMEM NO AMBIENTE

- Toda metodologia tem um critério para avaliar sua efetividade.

Em uma escola regular moderna, os resultados de uma criança são avaliados pela quantidade de informação que ela aprendeu, por seu esforço, seus resultados em outros campos, tais como competições, e assim por diante.

Quais são os critérios para mensurar a eficiência e o sucesso do método integrado e como esses critérios devem ser implementados?

- Primeiramente, nós não damos notas nem fazemos avaliações. Nós desenvolvemos as pessoas do modo como elas são. Toda pessoa tem seu próprio ritmo de desenvolvimento e você não pode comparar pessoas.

Com as crianças de hoje em dia, a coisa mais importante não é suprimir as novas capacidades que são desenvolvidas nelas. Esse é o porquê de precisarmos abordá-las sem nenhuma nota ou outras escalas de avaliação. O único critério deve ser a integração da pessoa com seu ambiente integral.

Tudo, porém, é relativo, assim como nesse caso. Eu vejo isso em adultos também: alguns aprendem e avançam muito rapidamente, em algum momento eles deixam de progredir. Outros começam com muita dificuldade em aceitar e entender o que é o estudo. Isso lhes toma um tempo enorme, frequentemente anos, para ouvir esse clamor por união com os outros como um único, total desejo, similar à força comum da Natureza.

Nós temos de entender que fomos criados dessa forma, consequentemente não podemos dar notas às pessoas. Cada um de nós é completamente único.

Quando uma criança ou qualquer pessoa participa do processo com o melhor de suas habilidades, apenas isso é louvável e deve ser a única nota da pessoa. Qualquer tipo de participação tem de ter valor, porque o que é importante não é o sucesso, mas a participação!

- Suponha que houve dez reuniões com um grupo de crianças. Uma criança participou de todas as reuniões e se esforçou em criar um espaço comum; outra criança, no entanto, apareceu duas vezes e não foi muito ativa. Esse poderia ser um critério para avaliar a efetividade do trabalho?

- Definitivamente, porque nós somos produto da sociedade. Se eu pertenço a essa sociedade há um longo tempo, é claro que serei influenciado por ela e me tornarei similar a ela. Dez reuniões com essa sociedade me influenciarão muito mais do que se eu aparecer duas vezes acidentalmente.

O número de reuniões tem de ser fixado. E nós temos de ver o progresso de uma pessoa de acordo com isso.

É, entretanto, mais fácil e simples para algumas pessoas aprender isso devido ao fato de seu egoísmo não se expressar de forma vívida. É mais fraco. Elas avançam mais rapidamente, mesmo que tenham participado menos da comunicação com os outros.

Nós temos de entender que o sucesso só pode ser alcançado a partir de, ao menos, algumas horas de estudos diários, que incluam jogos físicos, todo tipo de discussões, leituras, viagens, excursões e outras formas de ganhar familiaridade com o mundo.

A HABILIDADE DE ATUAR NA EDUCAÇÃO

Autoanálise é a coisa mais importante. É muito importante, portanto, ensinar às crianças a habilidade de atuar. Elas têm de estar aptas a saírem de si mesmas, colocarem seus "eus" de lado e jogarem com uma regra diferente. Digamos que eu queria me tornar outra pessoa. Como eu imagino essa pessoa? Como atuar como ela? E como pegar o meu "eu" e colocá-lo de lado? Essa é a arte de atuar, e isso é muito importante para a criança. Isso lhe permite ser impessoal e assim entender os outros. Toda criança tem de aprender isso, bem como psicologia e outras técnicas.

Tem de haver uma preparação dialética muito séria, especialmente durante os primeiros anos de vida, desde a fundação da futura pessoa, aos 6 anos, até que ela esteja completa, entre 9 e 10 anos. Depois disso é apenas desenvolvimento.

- A atuação pode ser usada em forma de jogos já aos 6 anos?

- Certamente! As crianças adoram jogar, porque assim elas conhecem a si mesmas. Uma criança começa a entender: quando eu olho o mundo e as outras pessoas de forma diferente, eu mudo? Fazendo isso, as crianças preparam a si mesmas para a percepção qualitativa do novo mundo.

- Baseado em seu conselho, nós temos um jogo chamado "processo judicial contra o egoísmo", em que as crianças trocam as regras. As crianças realmente se divertem fazendo parte disso, mas, interessantemente, quando nós oferecemos aos adultos o mesmo jogo, eles ficam amedrontados e o recusam.

- Veja só! É por isso que nós temos de trabalhar com as crianças. Elas têm de passar por várias situações nesse tribunal, experimentar diferentes regras e, desse modo, experimentar a si mesmas por diferentes ângulos: agora eu estou jogando como o acusado, agora eu sou o acusador, agora eu sou o advogado e agora eu só quero descobrir o que está acontecendo com ele, e assim por diante. Dessa forma, elas não ficam com medo. Mas nós, adultos, não entendemos isso. Nós estamos fechados dentro de nós mesmos. E ainda, nós temos de ensinar nossas crianças a se libertarem delas mesmas.

Criando um Ambiente Integrado

- Hiperatividade É um Problema dos Adultos, Não das Crianças
- Propriedade Partilhada de Recursos
- A Necessidade da Comunicação de Massa Apropriada
- Deixando Claro que a Vida Não Nos Ensina com uma Vara
- Semelhança com a Natureza É Garantia de Segurança
- Como Ocupar e Alimentar Sete Bilhões de Pessoas
- E Quanto aos Ladrões e Outros Criminosos?
- Os Adultos São as Mesmas Crianças Mal-Educadas

— Gostaria de falar com você sobre o conceito moderno de "limite". Quando as crianças contemporâneas se juntam, algo muito estranho acontece: é como se elas se tornassem animais incontroláveis. Os adultos constantemente se queixam de que as crianças são indisciplinadas e não aceitam serem educadas. O que está acontecendo e como devemos lidar com a hiperatividade das crianças?

- Hiperatividade é o problema do nosso tempo. Isso já ocorre há várias décadas, mas inicialmente não o reconhecemos. Primeiro pensamos que fosse algum tipo de doença ou distúrbio, mas depois percebemos que era um fenômeno e, logo em seguida, que havia se tornado a norma. Já discutimos que a nova geração é diferente: egoísta, rude devido a impulsos internos muito poderosos de uma qualidade completamente nova.

Não podemos, portanto, abordá-la com os padrões anteriores, a fim de decidir se o seu comportamento cruza a linha ou não, porque a sua "linha" é nova. Na verdade, tudo com ela é novo. Nós chamamos isso de hiperatividade, mas para a nova geração isso é normal.

Hiperatividade É um Problema dos Adultos, Não das Crianças.

As crianças não podem se encaixar em nosso limite ultrapassado, e isso não é culpa delas, mas nossa. Devemos, portanto, revisitar imediatamente nossos padrões de comportamento e desenvolver uma atitude diferente para com as crianças para não mantê-las "presas" o tempo todo. Estamos tentando impor nossas normas de comportamento e nossas limitações sobre elas. Elas, porém, não podem mais viver dessa maneira.

No passado, as pessoas não viam problema em viver a vida inteira na mesma aldeia, sem nunca deixá-la. Hoje, até mesmo os moradores de vilarejos são diferentes: eles sentem que precisam viajar, ver e aprender muitas coisas de modo que, quando regressarem a suas aldeias, ainda estarão conectados com o mundo. As pessoas hoje são diferentes!

Somos nós, portanto, que precisamos nos conter, e não as crianças.

– Isso, porém, é muito difícil, porque temos hábitos.

– É claro. E as crianças são mais fáceis de frear. Nada, no entanto, resultará disso, porque dessa forma estamos quebrando a Natureza.

A Natureza está nos mostrando a nova fase do seu desenvolvimento. Ela está nos dizendo: "Aqui está ele, o ser humano do futuro. Ele não está corrigido, não está terminado nem moldado ainda, mas essas são as suas verdadeiras qualidades iniciais, seus desejos, movimentos e direção." Esse é um desafio que está sendo apresentado para nós, e temos de responder a ele.

– Você chama as crianças de hoje "o povo do futuro". Muitos pais e professores, no entanto, dizem que elas são mais parecidas com macacos.

Uma mulher que conheci tinha um macaco de estimação em casa e tive uma experiência em primeira mão que me convenceu de que esses animais são indisciplinados e estúpidos, destruindo tudo em seu caminho. E agora muitas pessoas estão atribuindo precisamente esse modelo de comportamento a seus filhos.

– Estou certo de que se alguém ensinasse as boas maneiras corretas a esse macaco, ele então começaria a comer com garfo e faca e colocaria um guardanapo ao redor de seu pescoço. E pareceria maravilhoso sentado à mesa.

Se uma pessoa não recebe educação, ela agirá como se acabasse de sair da selva. Tudo depende do ambiente circundante. Temos, portanto, de criar um ambiente para as crianças que corresponda às exigências de nossa era.

Não podemos dizer: "Nós não podemos fazer nada com elas, porque elas não são como nós." Então o quê!? Podemos realmente tratar nossas crianças, a coisa mais preciosa que temos, dessa maneira? É impressionante como somos egoístas.

Não existe um sistema de educação. O sistema de ensino existe, porque queremos as crianças fora de nossas costas, damos a elas algum tipo de profissão e as enviamos em seu caminho. Educação, no entanto, é algo que não lhes damos. Não construímos as pessoas fora disso. Quando fazemos algo para as crianças, não nos preocupamos com o seu conforto e não fazemos disso nosso objetivo, não coordenamos nossas ações com a sua natureza.

Hoje há enormes desejos, anseios, inquietação e desatenção sendo expressos por nossas crianças. Internamente, elas trabalham em uma velocidade enorme. O que podemos fazer para tornar as coisas simples e fáceis para elas, a fim de que se sintam bem e livres?

Que diferença faz o tipo de mundo que construiremos? Pode ser qualquer um, desde que as crianças estejam felizes. Essa deve ser a atitude de todos em relação a suas crianças. Então por que não nos sentimos dessa maneira? Nós, adultos, somos egoístas, querendo freá-las, para nossa própria conveniência, e isso é tudo o que existe para elas.

Propriedade Partilhada de Recursos

– Em psicologia, uma "fronteira" é determinada como o lugar onde meus interesses colidem com os interesses das pessoas ao meu redor. Como acontece frequentemente, o recurso desejado é limitado. Nesse caso, dois cenários podem se desdobrar: ou eu obtenho esse recurso de outra pessoa ou eu luto para possuir o recurso. No conceito de sociedade integrada, o ser humano do futuro vai ceder ou lutar?

– Nenhum dos dois. Vai afirmar o que é compartilhado, e apenas o que é compartilhado. Não há "seu" ou "meu". Você e eu temos a propriedade dos recursos em conjunto, e isso não significa que cada um de nós tenha sua própria metade, mas que o recurso é compartilhado. Esse é o objetivo da educação integrada.

– Quando os americanos tentaram civilizar os índios, encontraram um problema: os indígenas não possuíam propriedade privada. Eles não entendiam o significado de "roubar" ou "tomar a propriedade alheia", porque tudo era compartilhado em sua comunidade.

– Agora você está descrevendo algo similar. Isso significa que não deve haver propriedade privada?

– Isso mesmo. Os índios não possuíam propriedade privada antes de o egoísmo surgir. Mesmo agora, na maioria deles, o egoísmo está em um nível muito baixo de desenvolvimento. Estou familiarizado com algumas dessas pessoas e eu mesmo tive a oportunidade de observá-las no Canadá.

Hoje, porém, estamos no pico mais alto de desenvolvimento egoísta. Nosso egoísmo é enorme, exigindo satisfação constante, independentemente de todos e, inclusive, apesar deles. Eu gosto de ser superior aos outros. Quanto pior outra pessoa se sinta, melhor me sinto.

Em nosso estágio atual, temos de criar uma sociedade na qual sentirei que tudo pertence a todos, incluindo eu mesmo, o que significa que eu pertenço a todos e não a mim mesmo. Não deve haver nada em mim que eu possa chamar meu próprio "eu", mas apenas "nós" e "nosso".

Nós, não os índios, somos os únicos que temos de conseguir isso hoje. Esse trabalho exige esforço enorme, educação e ensino, mas, quando acontecer, será uma correção séria da natureza do homem. Por meio do egoísmo corrigido, sentiremos uma realidade completamente diferente, um mundo diferente!

– Deixe-me ser mais específico. Suponha que haja cinco crianças e três cadeiras, e todas as cinco queiram se sentar. Como a situação deve ser tratada?

– Elas devem ser educadas de modo que, se não há cadeiras suficientes, elas não deveriam desejar se sentar em uma cadeira, mas prefiram se sentar no chão, ou pelo menos insistam para que alguém se sente na cadeira. Temos de incutir nelas o entendimento de que, se outra pessoa se beneficia, então eu também me beneficio.

Isso não é fácil, mas as crianças aceitam naturalmente, especialmente na idade de 9 ou 10 anos. Captam muito mais naturalmente do que adolescentes de 12 anos ou jovens adultos com 17 ou 18 anos. Nessa idade precoce, é possível criar os pré-requisitos para resolver os problemas de "meu", "seu" e "nosso".

A Necessidade da Comunicação de Massa Apropriada.

– Psicologias sociais que estudam a sociedade ocidental moderna dizem que essa sociedade é operada pela lei da troca: "você dá algo para mim e eu dou algo a você". Dizem que mesmo a amizade é definida pelo conceito "Você me dá e eu dou a você", só que, nesse caso, isso é estendido ao longo do tempo. Significa que a pessoa moderna está inteiramente imbuída dessa ideia de troca, e o que você está descrevendo é um paradigma fundamentalmente diferente, uma visão de mundo diferente.
Como podemos nós, pessoas que estão permeadas pela lei da troca, pelo egoísmo, adotar um paradigma diferente e passá-lo a nossas crianças?
– Temos de criar o material de comunicação de massa apropriado para influenciar as pessoas. Os comunistas na Rússia sonharam com isso. É por isso que eles construíram o sistema socialista na União Soviética. Eles, porém, não conseguiram nada, porque quiseram impor sua visão de mundo pela força.

Nós não impomos nossas ideias a ninguém. Estamos apenas mostrando às pessoas o estado do mundo e da Natureza, o desafio que a Natureza está nos apresentando e a globalidade e a integralidade da Natureza. Isso nos obriga a ser semelhantes a ela, enquanto agora somos o oposto dela.
Não temos outra escolha a não ser explicar que tudo o que está acontecendo no mundo é resultado de nossa semelhança ou dessemelhança com o ambiente circundante. Somos os únicos que não estão em harmonia com o meio ambiente e, por isso, causamos todos os problemas e crises na Natureza.
Temos de criar um sistema de educação que constantemente, a cada momento, nos dê exemplos positivos por meio de livros, filmes, internet e televisão. Tudo o que vemos deve nos mostrar de forma inequívoca o que é bom para nós e o que é mau, considerando em que somos semelhantes à Natureza e em que não somos, e de que forma essa conexão recíproca opera.
A Natureza não conhece misericórdia, e a espada já está levantada sobre nossas cabeças, pronta para cortar. A lei da gravidade é imutável. Você pode conversar com ela e implorar por misericórdia, mas se você andar para fora do telhado do décimo andar de um edifício, você cairá, quer seja você uma pessoa boa ou ruim.
Em uma sociedade em que todos estão conectados como um todo único, todos estão sob a influência de uma única lei, independentemente de como você age. Existe uma condição chamada "garantia mútua", segundo a qual todos dependem de todos os

demais, cada pessoa é responsável por todas as outras, e ninguém tem qualquer obrigação como uma entidade separada.

Constantemente explicando onde estamos e em que tipo de armadilha estamos presos, mostrando às pessoas que esgotamos nossas opções, criaremos um sistema de educação que as transformará. E se o criaremos voluntária ou involuntariamente, depende de nosso senso de urgência.

Para nossa sobrevivência, devemos nos tornar semelhantes a esse sistema — integral e globalmente conectados um com o outro e com a Natureza, assim como todas as outras partes da Natureza, porque somos uma parte da Natureza, nós não a governamos.

– O que você está descrevendo agora é evidente apenas para os pesquisadores que estudam a Natureza em profundidade.

– Eles, porém, podem nos apresentar todos os dados necessários. E quando os artistas aprenderem essas leis, irão expressá-las por meio de várias formas de mídia de massa e por outros meios de comunicação de massa. Eles criarão peças de teatro e filmes baseados nessas leis, os quais poderão ser mostrado ao lado dos filmes atuais que retratam um final horrível para a civilização. Isso pode ajudar as pessoas a entenderem exatamente por que isso tudo está acontecendo do jeito que está, e como poderemos corrigir tudo. Isso as ajudará a ver que a Natureza já tem as forças de correção.

Deixando Claro que a Vida Não Nos Ensina com uma Vara.

– Você diz que a criança tem de crescer de uma forma que lhe permita perceber o mundo de forma holística desde a infância.

– Sim, somente dessa maneira. Afinal, estamos em um mundo global. Isso já está claro para muitas pessoas. Nós ensinamos as crianças a se adaptarem ao mundo.

– É uma boa ideia colocar um globo na frente de uma criança de 3 anos e girá-lo?

– Certamente, mesmo antes da idade de 3 anos. Mesmo que ela ainda não entenda o que é um globo, deixe-a jogar com essa bola. A criança reterá uma impressão dela. Você pode não estar ciente disso, mas há imagens em seu subconsciente, lembranças de uma idade muito precoce, praticamente desde a idade 0 até 1 ano, que podem ser evocadas: lá está você sendo deitado, sendo enrolado em fraldas, alimentado e lavado. Você não vê a si mesmo ou o mundo ainda, mas algo já está lá. Em cada bebê há um adulto olhando do interior, enquanto o corpo ainda é pequeno. Não percebemos isso, porque só prestamos atenção ao corpo.

As imagens e ideias que uma criança retém antes da idade de 9 ou 10 anos são as bases de seu desenvolvimento. Depois disso ela só forma e os realiza, mas não é mais possível mudar nada.

Se não construirmos os fundamentos corretos em uma criança, se não lhes dermos a educação correta ao longo desses anos, será impossível elevá-la depois. Ela já terá outras ideias, outros exemplos de comportamento e relacionamentos. Por isso, tem de ser feito literalmente desde a idade 0, ou pelo menos começando aos 3 anos de idade.

– Quando os professores e os pais interagem com as crianças, eles se deparam com o problema de que é difícil trabalhar com a criança, porque ela é muito instável. Num momento ela está correndo e no momento seguinte está gritando, caindo no chão e chafurdando lá. Ou ela pode sair da sala de repente, porque é isso que ela tinha vontade de fazer. Devemos limitá-la ou de alguma forma usar essa dinâmica?

– Você não deve fazer nada com ela. Você tem de criar um ambiente deliberadamente integrado ao seu redor. Isso é tudo. Significa que nesse ambiente ela depende de todos e todos dependem dela. Ela tem de entender isso sem explicações, mas, se necessário, pode lhe explicar, mostrando-lhe o mundo.

Quem é você? Você é um guia para o mundo no qual ela se encontra. Isso significa que você tem de mostrar a ela esse mundo e demonstrar como ele funciona. Mostrar-lhe como você trata os outros, como os outros tratam você, como você compartilha com os outros e faz algo por eles. Ela tem de ver tudo isso.

E gradualmente, com base nessas interconexões extremamente sutis, mostrar que, se ela não participa de tudo junto com todo mundo e não considera os outros, se ela não deseja estar integralmente conectada com eles, os outros não a tratarão do jeito que ela quer. E essa é a razão para seu sofrimento.

Então a criança começará a entender esse sistema a partir do interior, estudá-lo a partir da vida. Afinal, a vida está nos ensinando com uma vara, com pequenas decepções: assim é como você foi tratado, assim é o que sua mãe ou babá fez, ou as crianças ao seu redor. Isto é, ela tem de receber punição, mas também a remuneração adequada por ter a atitude certa para o ambiente integrado.

– Suponha que, durante uma atividade comum, uma criança venha até o professor e o chute. Isso realmente acontece hoje em dia.

– Se você pegar uma criança de rua despreparada e a trouxer para esse tipo de sistema, é claro que ela experimentará estados horríveis, porque não entenderá nada. Estamos falando de crianças que começaram a receber educação desde o nascimento. Temos de tornar nossas vidas mais fáceis de alguma forma. Nós não podemos frear as crianças que já se formaram de maneira egoísta, então temos de começar com as crianças que foram preparadas.

Depois disso, é possível, gradualmente, começar a aceitar crianças não corrigidas nesse ambiente, ou seja, aquelas que cresceram no meio ambiente sem correção. Uma vez que tenhamos um ambiente forte, podemos introduzir nele outras crianças e corrigi-las. Isso porque a correção só acontece sob a influência do exemplo dos outros.

Semelhança com a Natureza É Garantia de Segurança.

– Os pais temem que uma criança que cresce nesse tipo de sociedade se torne excessivamente dependente da opinião dos outros e perca sua independência.

– Acho que isso é um absurdo. A maior força que fornece tudo no mundo é a força da Natureza. Se sou semelhante a ela, então não tenho nada a temer. Não serei fraco, nem estarei constantemente me protegendo, vivendo com medo e esperando um golpe. Esse tipo de vida realmente é pior que a morte. Pelo contrário, serei forte, independente, sensível, calmo e equilibrado.

Além disso, eu não consigo imaginar um pai normal dizendo a seu filho: "Seja forte e se arme. Se alguém a cinco metros de distância de você cuspir, mate-o. Se alguém atrás de você xingar, vire-se e atire nele." Nós orientamos as crianças a serem gentis com as pessoas ao seu redor, porque isso é o mais seguro para elas. Nós dizemos: "Não retruque", "Vá para outro lugar", "Não fique perto dessas pessoas", "Trate os outros de forma adequada e gentil." Isso cria um ambiente favorável em torno da criança e reduz a probabilidade de alguém feri-la.

Os pais sempre instruíam os filhos a serem gentis, amáveis, afastarem-se de coisas prejudiciais ou ruins e se aproximarem de coisas boas. É o mesmo em todas as sociedades, especialmente em uma sociedade global e integrada como a em que vivemos.

Mesmo se a pessoa é um atleta fisicamente forte, ela não usará essa força negativamente. Ela desenvolveu seu corpo por querer se sentir confiante, mas sem a mentalidade agressiva.

– Agora que começamos a empregar esse método, a questão de estúdios ou salas de trabalho surgiu, ou seja, lugares onde uma criança pode realizar suas habilidades únicas, como cantar, tocar instrumentos musicais, aprender matemática e ciências, e assim por diante.

Além disso, em poucos anos, as crianças começam a sentir necessidade de aprender algum tipo de arte marcial. Existe algum ponto na criação de uma classe como essa?

– Pensamos que todos os jogos devem ser praticados em equipes. Se toda a equipe ganha, então eu me sinto vencedor juntamente com outros, mas nunca devo me sentir como o destaque. Jogos têm de ser parte da educação. Se, porém, eu jogar uma pessoa contra outra, isso vai contra a demanda da Natureza.

Talvez essa habilidade possa ser útil em certas circunstâncias. Na verdade, porém, não vejo como as pessoas que conhecem as habilidades de combate possam ser bem sucedidas, como elas se defenderão dessa maneira e como isso as capacitará para salvar suas próprias vidas e a vida dos outros.

Eu penso que tudo isso é apenas publicidade feita pelos proprietários dos clubes. A Natureza não mostra qualquer evidência de que é necessário ser fisicamente forte ou levar vantagem sobre os outros. Não apenas as pessoas individualmente diferem umas das outras, mas também as nações: algumas são fisicamente mais duradouras e fortes, e outras são mais fracas. Mas isso não afeta nada.

Somente as semelhanças com a Natureza levam cada pessoa e cada nação como um todo a um estado confortável.

Como Ocupar e Alimentar Sete Bilhões de Pessoas.

– Em diferentes sociedades, as pessoas percebem a noção de "meu" de forma diferente. Algumas consideram apenas o seu apartamento como algo próprio e não se importam com o que está acontecendo no ônibus ou no metrô, por isso jogam o lixo lá, no chão. Outras pessoas, porém, consideram uma cidade inteira como sua. Será que a pessoa integrada que você descreve considera o mundo inteiro como seu próprio?

– Sim, mas ela chega lá de forma gradual. Não podemos exigir tudo das pessoas de uma só vez. Não devemos nos concentrar nos indivíduos, mas, em vez disso, no ambiente social, porque é isso que os educa. Temos de criar tal ambiente em torno de uma pessoa para educá-la da maneira correta.

Vemos hoje, em todo o mundo, um enorme número de pessoas desempregadas. Por outro lado, uma grande quantidade de produtos supérfluos está sendo produzida. Se liberarmos as pessoas que produzem os produtos supérfluos, descobriremos que apenas metade de um bilhão dos 6,5 bilhões de pessoas no mundo precisa trabalhar, enquanto o resto não tem nada para fazer. Então, como elas se alimentarão?

As pessoas serão pagas para criar o ambiente social certo. Deverão existir organizações globais, regionais, municipais e de bairro cuja única finalidade e atividade será promover o conceito do modo de vida integrado.

Se esse é seu trabalho, você, portanto, é um educador para todo mundo. Você tem de criar filmes, anúncios, fotos e livros sobre isso, e você tem de falar sobre isso. Seu trabalho é andar pelas ruas e sorrir para todos os que você vê. Isso mesmo! Haverá trabalho para todos, enquanto metade de um bilhão de trabalhadores alimentará os outros, sem produzir nada de excessivo nem poluindo a terra.

Essa abordagem dá às pessoas a intenção correta. Elas começam tratando os outros com gentileza, porque é sua obrigação, enquanto os outros percebem isso como a norma do novo comportamento.

Não importa que elas recebam dinheiro para agir dessa maneira. O importante é que transformem o hábito em uma segunda natureza, evocando a influência favorável da Natureza sobre elas, porque elas se tornam semelhantes à Natureza.

Somente agora começamos a estudar a influência de nossos pensamentos e desejos sobre a Natureza. É impressionante como até mesmo animais e plantas percebem a bondade e começam a nos tratar de forma diferente. E as pessoas são ainda mais sensíveis que as flores e os animais.

Ao nos tornarmos semelhantes à Natureza, evocaremos uma enorme influência positiva sobre o mundo e ele realmente mudará. Para conseguir isso, precisaremos criar um bom sistema de educação, envolvendo nisso bilhões de pessoas desempregadas, que farão precisamente esse trabalho.

Isso exigirá cerca de metade da humanidade para erguer a geração jovem. Não serão necessários professores de várias disciplinas, mas educadores — pessoas que darão aos jovens exemplos de comportamento correto em uma sociedade global. Tem de haver tantos educadores como há pessoas sendo erguidas.

Então nos encontraremos nesse mecanismo integrado para o qual a Natureza está nos forçando. De repente, como a embreagem em um carro, começaremos a nos conectar como engrenagens, "click", e estarei conectado, incapaz de me mover para qualquer lugar sozinho. Agora o que devo fazer?

Esse mecanismo também deve conter engrenagens adequadas que dizem: "Você não tem de girar juntamente com todos. Anule-se a si mesmo e você verá que todo mundo está girando do jeito que você quer." Quando você fizer isso, então você alcançará a liberdade.

— Quando você descreve esse quadro, me lembra a minha infância. Nós também tivemos momentos em que agimos juntos. Havia uma atmosfera maravilhosa, quando nós construíamos castelos de neve em conjunto, por exemplo. Os valentões, no entanto, chegavam, destruíam tudo o que construímos e batiam em nós.

Você acha que, se construirmos esse sistema corretamente, não haverá nenhum valentão?

— Imagine que você contrate 3 bilhões de pessoas para o trabalho e comece a treiná-las. Elas não fazem nada além de estudarem na universidade. Todo mundo está sentado em frente às telas de computador, estudando pela internet. Cada pessoa está aprendendo na sua própria língua sobre o mundo em que vive, e ela está sendo paga para isso. As pessoas escrevem artigos e relatórios e estudam como na escola a partir dos 20 anos de idade até a velhice. Aos famintos e sem-teto é dado tudo o de que necessitam, e o trabalho pelo qual são pagos é estudar e fazer os deveres de casa.

Toda pessoa tem de passar por esse tipo de escolaridade e obter um diploma que lhe permita viver confortavelmente. Depois de seis meses, você a nomeia educadora durante metade de um dia, enquanto ela continua a estudar durante a segunda metade do dia de trabalho. Aos poucos, ela entra nesse sistema por conta própria e começa a se comportar do jeito que lhe foi ensinado.

Ao providenciar o trabalho necessário para todos, você cria uma atmosfera normal. A Natureza se torna equilibrada e cessa de nos punir com terremotos, tsunamis e furacões. Nós próprios evocamos esses problemas, porque a mente humana, os desejos e as diretrizes influenciam a Natureza mais do que tudo.

E Quanto aos Ladrões e Outros Criminosos?

– Assim como muitas pessoas não corrigidas, ainda tenho muitas perguntas, preocupações e receios: o que acontecerá aos criminosos, ladrões e outras pessoas que poderiam usar essa realidade delicada, construída sobre um equilíbrio ultrassensível? E se elas chegam, roubam tudo e assumem todo o sistema?

– Você entende que metade da população da Terra estará envolvida nesse sistema? Quem pode ir contra isso? Onde estão os ladrões, os ativistas e os criminosos? Eles serão simplesmente esmagados pelas massas e não serão capazes de colocar o nariz para fora. Além disso, a eles também serão oferecidos uma vida decente, um salário igual ao de todos os demais. Não penso que essas dificuldades ocorrerão.

Haverá muitos problemas, mas todos solucionáveis, porque não há outro caminho para irmos. A Natureza está nos forçando a resolvê-los. Se não fizermos o que a Natureza dita e não nos equilibrarmos com ela, será o nosso fim. Você pode intelectualizar e filosofar tanto quanto quiser, mas existe uma lei da Natureza operando aqui.

Hoje, metade da humanidade passa fome e a outra metade não sabe o que fazer com todos os extras que possui. Corrigindo-se esse desequilíbrio, será estabelecida uma sociedade humana normal.

Mais importante, a sociedade humana deve ser semelhante à Natureza, internamente equilibrada, gentil e boa. Assim deixaremos de temer o aniquilamento.

– Eu entendo que você não gosta da palavra "punição", mas não deve haver algum tipo de mão firme presente, como uma vara que, se poupada, estragará a criança? Pelo que você diz, parece que não há lugar para isso.

– Não, claro que há um lugar para isso.

– De que forma? Como?

– Sob a forma de uma muito poderosa reprovação social que, porém, deve ser dosada para não matar o "humano" na pessoa, de modo a não atropelar sua dignidade. A pessoa tem de ser influenciada pelo respeito, pela aprovação pública, ela não pode ser influenciada de qualquer outra maneira.

O último, mais notório criminoso também se orgulha: "Eu sou um ladrão no meu próprio direito. Olhe quem eu sou; olhe para a minha prisão! Respeite-me!".

Não há meio mais poderosos sobre elementos negativos na sociedade do que lhes dar oportunidades de se elevar, ou vice-versa, colocá-los em um ambiente que os menospreze.

Eles têm uma atitude exagerada para com o seu próprio "eu", que é fácil tratar. Eles são realmente pequenas crianças que podem ser manipuladas, dando-lhes a oportunidade de brilhar, ou, ao contrário, com uma ligeira reprovação, mostrando-lhes que determinadas ações os diminuirá aos olhos dos outros.

– Sou um adulto que está cercado por crianças. De repente, uma das crianças faz algo que me aborrece. Posso mostrar à criança que isso me irrita?

– Isso não será educação. Uma criança é educada por um meio ambiente que é igual a ela. A sua insatisfação, portanto, deve ser expressa por meio de seus parceiros. Para ela, eles são um meio ambiente respeitado e a opinião deles é importante, enquanto um adulto está em algum lugar acima. Suas emoções são percebidas por uma criança como um trovão do céu. Você "troveja" no mundo inteiro, mas você não está próximo de mim, você não é meu. Não dê, portanto, um passo à frente contra a criança, nem a transforme em um oponente. Isso só vai aumentar o egoísmo dela. Em vez disso, apenas a coloque em uma posição neutra e lhe mostre o caminho certo para agir, usando o exemplo de alguém.

A maneira de influenciar as crianças é fazê-las discutir, avaliar, defender e se analisar enquanto assistem a vídeos de seus comportamentos. Devem-se mostrar às crianças fragmentos de seu comportamento e deixá-las discutir suas ações. Assim é como uma criança começa a entender que, se ela se encontrar naquela situação novamente, não agirá da mesma forma.

A coisa mais importante na nossa educação é ensinar às crianças por meio de exemplos. Isso lhes permite realizar debates e analisar o comportamento dos outros e, em seguida, relacionar essa experiência para si mesmas.

Os Adultos São as Mesmas Crianças Mal-Educadas

− A imagem da futura escola onde as crianças interagem dessa forma é muito atraente para muitas pessoas que estão familiarizadas com ela. Os mesmo exemplos podem ser usados para adultos?

− Os adultos são as mesmas crianças mal-educadas, eles estão apenas inconscientes. Você vê o que eles fazem na TV e que tipo de conversas estabelecem: eles falam sobre se casar, como perder peso ou cozinhar algum prato. As pessoas são atraídas para a socialização.

Socializar é a coisa mais importante para as pessoas, especialmente o tipo de socialização que lhes permite bisbilhotar a vida real. O tipo de discussão que temos com nossos filhos em nosso centro de educação são, portanto, o tipo mais útil para a sociedade. Essas discussões somente devem ser feitas de maneira adequada e eloquente, assim serão atrativas e dinâmicas. Se elaborarmos programas nesse estilo, eles terão enorme demanda na TV; estou certo disso.

A pessoa que não recebeu educação integrada na infância não sabe como é possível sair de si mesma, manter-se de lado, enquanto coloca outra pessoa no seu lugar; não sabe como se colocar no lugar de outra pessoa ou tomar as qualidades de outra pessoa para si mesma. Se às pessoas não forem ensinadas essas técnicas, elas não saberão como interagir umas com as outras corretamente e, é claro, serão miseráveis. Elas irão vagar como se estivessem no escuro, batendo umas nas outras, brigando e se ofendendo.

Às crianças tem de ser ensinado como se "revestir" dos outros, como entender outras pessoas, como acusar alguém, defender, ajudar e prejudicar. Tudo é pesquisado por cada criança, por meio de exemplos da vida, tanto em grupos como em programas de TV.

Temos de começar a nos preparar para levar toda a população do mundo ao novo sistema educacional. Sem isso não sobreviveremos. Não importa quão idoso seja o aluno, se ele é um adulto ou uma criança. Crianças estudam nesse sistema durante um dia inteiro, e temos de fazer a mesma coisa com os adultos.

O meio bilhão de pessoas que atenderá a todos os outros também estudará nesse sistema: estudará metade de um dia e realizará os trabalhos necessários na segunda metade. Temos de fazer isso, porque do contrário a humanidade não sobreviverá. Estamos entrando em um sistema no qual todos nós somos engrenagens. Sob a influência do pedal de embreagem − Natureza − começamos a fazer contato uns com os outros. Em breve começaremos a girar juntos. Já me sinto como se estivesse sendo ligado junto com os outros, mas quando eu expresso mesmo que só um pouquinho da minha independência, descubro problemas.

A razão de todas as crises é que não estamos girando juntos. Como resultado, o sistema começa a travar e nós paramos de girar. Esse é o retrato de um colapso, a crise mundial em todos os campos da vida.

Com o que ficaremos? Como serviremos uns aos outros? A Natureza começará a nos excluir. Praticamente já excluiu o Japão, os países do Oriente Próximo e a Rússia de toda a produção mundial. Observe o que está acontecendo com a América, em que espiral descendente se encontra. E o que acontecerá com outros países? Será que chegaremos a um ponto em que a única coisa que restará no mundo será o terrorismo como forma progressiva de atividade? Tudo está em declínio e apenas o terrorismo está crescendo e florescendo. Onde vamos chegar?

Penso que vamos superar nossa resistência e compreender que só o ensino e a aprendizagem em nível mundial nos conduzirão à harmonia e à paz.

Pg. 27 a 40
CONHECENDO A SI MESMO

- Reconhecendo a Si Mesmo
- Encontre Suas Próprias Respostas a Suas Perguntas
- Não "Suje" a Si Mesmo através da Vida
- O Grupo Deve Ser Homogêneo
- Dentro dos Muros da Escola ou Fora?
- Recompensa É Gerador de Energia
- A Verdade sobre a Vida Não É tão Assustadora
- Aprendendo a Viver a partir da Própria Vida
- O Preferido do Professor

Eu estou interessado nos aspectos psicológicos do método da formação integrada. A psicologia tem sido aplicada como ciência nos últimos 100 anos ou mais. Durante esse tempo, pesquisadores têm desenvolvido vários métodos e testes, testes projetivos e treinamentos. A experiência adquirida pela psicologia materialista pode ser usada em um programa de formação integral de crianças?

- É interessante que a humanidade exista há centenas de milhares de anos e a psicologia, a ciência sobre o homem e o que ele é, existe apenas há um século. Você pode imaginar quanto tempo levou para nós apenas começarmos a pensar sobre quem somos? Nós evoluímos de forma completamente automática, sob a pressão de forças internas, desejos e pensamentos, sem parar para pensar "Por quê? Para quê? Quem somos? Por que fomos formados desse jeito? O que gera nossos pensamentos, sentimentos, desejos e aspirações?".

Há uma impressionante, incompreensível diferença proporcional entre as centenas de milhares de anos do nosso desenvolvimento e uma centena de anos do desejo de entender quem nós somos.

Tudo fluiu calmamente durante esse longo período. Mesmo as maiores mentes não estavam muito interessadas nesse problema, e essa é mais uma peça que evidencia que apenas recentemente nós começamos a nos reconhecer como entidades distintas no mundo. Nós somos distintos e o mundo é distinto, mas qual é a conexão entre nós e o mundo?

- Agora, porém, o interesse das pessoas por questões como "O que é o 'eu'?", "Como nós interagimos?", "Como podemos melhorar nossa interação?" têm surgido exponencialmente.

- E as teorias sobre isso têm mudado num ritmo assombroso! Eu imagino que os psicólogos modernos sejam pessoas muito instáveis.

- Isso é realmente assim. Alguns testes muito interessantes, entretanto, têm sido desenvolvidos. As crianças podem fazer esses testes a fim de se conhecer melhor, para entender como são construídas e que qualidades possuem? Ou nós não devemos deixá-las realizar esses testes?

- Nós temos de educar a próxima geração a fim de lhe ensinar a atitude correta para com a vida e para consigo mesma; então as pessoas podem testar a si mesmas. Essa é a nossa obrigação, o dever de pais e educadores e, de fato, de qualquer um que se preocupe com as crianças. Afinal, elas são o nosso futuro! Em 15 ou 20 anos, essa geração estará no comando e nós desapareceremos na história. Nós temos de filmá-la, mostrar a ela filmes sobre ela mesma e analisar seu comportamento de vários ângulos, da perspectiva do encorajamento, da defesa, da aprovação e da crítica.

RECONHECENDO A SI MESMO

Temos de permitir que qualquer pessoa se veja de absolutamente todos os ângulos, para sair de si mesma, para se avaliar objetivamente e concordar com o fato de que pode estar em formas completamente diferentes. Uma tem de aprender a aceitar todas as pessoas: ontem ele agiu daquela maneira e hoje ele está diferente. É muito importante internalizar que a percepção do mundo depende de mim, do meu humor, do nível de meu desenvolvimento e que ele pode mudar completamente. Uma vez que eu esteja autorizado, os outros estão autorizados também. Tudo isso, porém, requer um estudo muito sério.

Incidentalmente, a percepção das crianças é mais maleável que a dos adultos. Nós devemos simplesmente incutir nelas uma suavidade, um ponto de vista "flutuante" acerca das coisas e então elas usarão isso corretamente. Tudo depende de suas visões acerca de si mesmas, do mundo e de outras percepções que podemos incutir nelas.

- Voltando à questão dos testes, quando lidamos com os resultados dos testes, há um problema de confidencialidade. Nós dizemos que, em um pequeno grupo de crianças, nada deve ser ocultado. Os resultados dos testes devem ser colocados à mesa para uma discussão aberta?

- Eu não penso que a questão deva ser colocada à mesa dessa forma. Se nós abordarmos o problema integralmente, então todas as crianças em todas as escolas do mundo gastariam muitas horas de trabalho em autoanálise, discussão interna e autorrealização. "Autorrealização" é a melhor palavra, porque, a partir de si mesmo, você percebe o mundo, discerne quem você é e, assim, como você vê o mundo. Em tal estado não há a questão sobre se devemos revelar esses testes ou não.

Não são testes, mas somente uma discussão. Eles podem ser mostrados completa e livremente em qualquer lugar, até mesmo na TV. O que há para esconder? É assim que as crianças agem e é assim que elas pensam.

Eu penso que, hoje em dia, a maioria dos programas de que os adultos gostam é sobre eles mesmos. Eles são chamados "reality shows". As pessoas sentam num estúdio e conversam sobre todos os tipos de problemas.

Eu não acho que a análise deva ser transformada em alguma coisa secreta. Por que fazer isso? O que poderia haver de secreto nisso? De fato, o que poderia ser secreto sobre uma pessoa em geral? Os psicólogos não entendem isso?

Uma pessoa tem necessidades animais e sociais dentro dela, e elas não deveriam ser ocultadas. Ao contrário, elas deveriam ser reveladas e discutidas. Uma pessoa tem de entender quão produtivas essas necessidades podem ser para ela em relação aos outros e a si mesmas. Então ela pode se avaliar corretamente e ficar confortável consigo mesma.

Em vez de ocultar as coisas, tudo deveria ser exposto para qualquer um aprender com isso. Não é uma discussão sobre alguém, mas um processo geral de aprendizado em que cada pessoa irá se tornar seu próprio terapeuta, e assim nós não teremos de ver o terapeuta depois.

- Que não ajuda ninguém de qualquer forma, mas...

Nós estamos falando sobre a noção dos processos do grupo. E se de repente, porém, acontecesse algo a alguém e o educador pegasse uma criança à parte e começasse individualmente a descobrir o que aconteceu a ela, e tivesse uma conversa "face-a-face" com ela? Isso também é algo que não pertence a esse sistema?

- Absolutamente não! Tudo tem de ser trazido para fora da esfera de individualidade da criança, ou mesmo ser específico para o grupo. Tudo deveria ser tratado como um fenômeno. Talvez isso nem devesse ser tratado ou endereçado no mesmo dia. A abordagem, entretanto, deveria depender do nível de preparação do grupo e do seu próprio nível de percepção, da habilidade das crianças de perceberem a si mesmas de diferentes formas e entenderem que "tudo isso que está acontecendo reflete quem nós somos".

- Há duas abordagens conceituais: uma abordagem é agir de acordo com o cenário que foi planejado anteriormente, e outra é agir de acordo com a forma como o processo se desdobra. Por exemplo, a segunda abordagem ocorre quando alguma coisa acabou de acontecer a uma criança e nós discutimos precisamente o que é relevante agora mesmo. Essa é a melhor forma de agir ou ir de acordo com um cenário que foi planejado anteriormente?

Incidentalmente, a pedagogia e a psicologia discordam radicalmente sobre isso. A psicologia prefere o processo "Se uma pessoa está passando por isso agora mesmo, então é sobre isso que falaremos". E os pedagogos dizem: "Não, tudo é planejado. Vamos estudar conforme o plano". Qual é o modo certo de conciliar esse processo?

- Eu penso que todas as situações deveriam ser filmadas. Hoje temos câmeras por toda parte — nas cidades, nas ruas e nos parques. Nós também deveríamos colocá-las por toda parte, em todos os espaços aonde as crianças vão, incluindo escolas e parquinhos escolares.

Nós temos de tentar escolher seus relacionamentos e comportamentos, ou deixar as crianças sugerirem um tópico para discussão, tal como "Eu tenho certo relacionamento com uma pessoa ou outra. Eu penso dessa forma e outros pensam diferentemente, eles não concordam comigo. Vamos conversar sobre isso".

Cada criança deveria ser solicitada a brincar em papéis diferentes, a estar no papel direito, no esquerdo e no neutro, "Eu estou certo" e depois "Eu estou errado", significando que eu me "transformo" em outra pessoa e de lá eu me observo e debato ou a condeno. Ou eu sou uma "pessoa neutra", como o júri em uma corte.

Eu penso que essas discussões são o fator mais importante para a formação de uma pessoa, porque isso lhe permite se desenvolver a partir de seu interior. As discussões expandem a compreensão acerca de si mesma. Ela aprende que "Eu posso ser de uma forma e o mundo pode ser completamente diferente, dependendo de como eu olho para ele, e outras pessoas são assim também". Tudo se torna multifacetado, fluido e relativo. E é assim que o mundo realmente é.

- Podemos falar mais especificamente sobre isso? Por exemplo, suponha que nós tenhamos uma reunião em que planejamos discutir alguns fenômenos do mundo, mas uma das crianças chega à reunião com o olho roxo. O que nós fazemos? Nós continuamos a reunião conforme o planejado, falando sobre borboletas, ou nos reportamos ao hematoma e falamos sobre isso?

- Nós deveríamos discutir juntos e imediatamente o que aconteceu com a criança? Não sabemos, porém, até que ponto ela está apta a sair de seu estado e a razão disso. Talvez a situação deva ser tratada de forma diferente? Nós não damos nenhuma atenção ao seu hematoma e temos uma atitude "e daí?" sobre isso. Quer dizer que nós a aceitamos do modo como ela é: "Isso é problema seu. Cuide disso sozinho. Para nós você é uma pessoal normal. No momento estamos falando sobre borboletas. Você pode falar normalmente depois de ter tido uma briga, ou você fica completamente arrasado e agitado?".

Desse modo ainda não prestaremos atenção ao que está acontecendo com ela, mas a partir de um lado oposto. Aqui tudo depende do educador, não posso lhe dar qualquer fórmula. Isso, porém, tem de ser olhado do ponto de vista da pedagogia: até que ponto isso pode influenciar a análise de si mesmo e do mundo? Talvez ela deva nos falar primeiramente de borboletas e depois da briga que teve na rua? Ou talvez ao contrário: para tirá-la de seus pensamentos, os quais distraem o grupo e a impedem de se juntar a ele, nós deveríamos dar a ela algum tipo de tarefa ou papel especial e fazer dela um herói, ao invés de manipulá-la até um estado completamente diferente. Ou, usando o exemplo dela, podemos mostrar como esse incidente nos distraiu a todos do nosso tópico. Quer dizer, ela praticamente atrapalhou todos os nossos planos. Um educador deveria ver tudo isso e decidir.

ENCONTRE SUAS PRÓPRIAS RESPOSTAS A SUAS PERGUNTAS

- A psicologia atribui muita importância a duas noções chamadas "mensagens misturadas" e "mensagens diretas". Um exemplo clássico de mensagens misturadas é contar uma piada, enquanto uma mensagem direta é responder, séria e diretamente, à pergunta de uma criança. Qual é a forma mais correta de interagir com crianças: responder a suas perguntas diretamente ou há espaço para piadas e brincadeiras?

- O melhor é alguém fazer uma pergunta e depois procurar a resposta por si mesma. Quando uma pessoa lhe faz uma pergunta, pode muito bem não ser realmente uma questão, ou porque ela somente perguntou para distrair você ou para distrair a si mesmo, ou ela nem tinha essa dúvida, apenas a ouviu em algum lugar.

Uma pergunta é uma necessidade de receber certo preenchimento informacional ou sensual. Isso realmente existe na pessoa? Isso realmente amadureceu nela ou não?
Além do mais, a melhor abordagem é trazer a criança — ou qualquer pessoa —a um estado no qual ela encontre sua própria resposta à pergunta. Isso significa que ela realmente amadureceu interiormente para receber a resposta, para compreender completamente, para absorver isso e, depois, para aplicar sua conclusão ao que ela descobrir por si mesma.

Eu, portanto, nunca daria respostas a ninguém sobre nada. É precisamente com todos os tipos de debates, casos judiciais, discussões e fóruns que as crianças se mantêm umas com as outras, ajudadas por educadores, bem como com viagens a lugares diferentes, seguidas por discussões sobre o que elas viram, como e por que viram tudo de forma diferente que elas aprendem a encontrar suas próprias respostas. Elas também ouvem questões que os outros levantam, e isso inclui questões dentro delas. Elas desenvolvem essas questões, entendem-nas e procuram respostas para elas. Essa abordagem expande a percepção da criança e cria um mundo expansivo dentro dela, através do qual ela vê o mundo externo corretamente, de um modo multifacetado.

- Então, em essência, a criança passa por um processo de autorrealização e autoanálise?

- Sim, discutindo com os outros. Uma pessoa nunca alcança nada sozinha, pela realização pessoal. Ela tem de se integrar com os outros. É precisamente essa visão diversa e conflitante que ela acumula que desenvolve suas habilidades perceptivas.

NÃO "SUJE" A SI MESMO ATRAVÉS DA VIDA

- Outro aspecto importante em psicologia é o "ciclo de experiência", a preparação e a escolha de como agir, o ato em si e a realização e a integração da experiência resultante.

Quão importante é assegurar que projetos iniciados pelas crianças sejam completados? Se as crianças começarem a fazer algo, devemos encorajá-las a conduzir o processo à conclusão?

- Conduzir as coisas à conclusão é uma obrigação! E no processo, tudo deve ser descrito, filmado, completado e documentado. Conclusões claras devem ser tiradas e elas deverão ser muito concisas para que todos possam entendê-las, mesmo quando expressas em poucas palavras.

- Dessa forma nós treinamos uma criança para a demanda de tornar toda situação na vida concreta e real. Mais tarde, isso as ajudará a terem certeza de que não "sujam" a si mesmas através da vida, mas que sempre usam suas experiências ao máximo e aprendem com elas.

As crianças fizeram uma excursão e tiveram uma discussão. Talvez elas tenham criado algum tipo de novos limites ou regras de comportamento por si mesmas. Tudo tem de ser documentado e as discussões devem ser mínimas. O mais importante é a conclusão. Isso torna uma pessoa prática, preparando-a para qualquer forma de atividade.

- A identidade profissional de uma pessoa é parte extremamente importante de sua identidade geral. Assim sendo, as crianças deveriam procurar sua identidade profissional no grupo?

- Se nós não desenvolvermos em uma criança a conexão com os outros, jamais discerniremos quais são suas inclinações. Isso porque, em si mesma, uma pessoa é um pequeno animal. Suas inclinações são expressas precisamente em suas conexões com a sociedade, com o ambiente ao seu redor.

Isso significa que as crianças se sentam e decidem: "Você, Johnny, é melhor que seja um encanador. E você será um bom cientista...". A criança deverá solucionar essas questões também num contexto de grupo?

Qualquer uma de nossas atividades visa à conexão entre nós. Mesmo que eu estude borboletas, isso significa que a sociedade de algum modo "delega" a mim essa atividade. Eu tenho de entender minha significância, o fato de que alguém precisa disso.

Primeiramente temos de passar vários anos estudando com crianças de idades entre 5 ou 6 até 10 ou 11 anos. Isso inclui conectá-las umas às outras, bem como visitar vários lugares — industrial, científico, médico e locações sociais, os quais gradualmente lhes permitirão entenderem as várias áreas das atividades humanas.

Essas viagens são discutidas todo o tempo, toda informação deve ser documentada. Cada criança escreverá um pequeno relatório, a partir do qual começaremos a conhecer sua abordagem e a discernir seus interesses. Por exemplo, ela pode gostar de conectar e dobrar tubos, talvez por isso ela realmente se torne um encanador. Ou talvez ela esteja interessada em como as pessoas são curadas. Ou ela goste de colecionar plantas ou borboletas, e assim por diante.

Dependendo de como ela descreve o que acontece — com uma inclinação física ou matemática, ou de uma maneira sensível — nós estaremos aptos a ver sua inclinação, para as ciências humanas ou em direção a questões concretas. Gradualmente tudo se tornará claro e as constantes discussões trarão à tona o mais importante: eu em relação aos outros. Essa é a profissão de uma pessoa.

Afinal, uma profissão significa que "eu sirvo às outras pessoas e à sociedade de alguma forma". Isso define meu lugar na sociedade, meu salário e minha posição. Eu somente posso encontrar esse lugar depois de muitas impressões, discussões e sensações de tudo o que me cerca.

Apenas perguntar a uma criança "O que você quer ser?" é uma abordagem incorreta. Entre as idades de 4-5 e 11-12 anos (não depois disso), porém, nós já podemos ver a inclinação de uma pessoa com absoluta clareza.

13 anos é a idade para se tornar um estudante universitário. Eu penso que, como parte de nossa formação, aproximadamente na idade de 13 anos uma criança deveria começar a estudar em um programa universitário. Entre 17 e 18 anos ela deveria se graduar na universidade, o que significa receber o que hoje é considerado educação de nível superior. Depois disso ela realmente estará profissionalmente preparada para um tipo específico de atividade.

Deveria ser ensinado a uma criança como se autodesenvolver, como observar a si mesma e aos outros e como se comunicar com os outros. O mais importante, porém, é ensinar-lhe a entender o mundo em que ela vive. Uma pessoa deveria entender sua essência e sua meta na vida.

A educação integrada, global, ou melhor — a formação — desenvolve tanto uma pessoa, que não será difícil para ela estudar qualquer ciência. Isso porque primeiro as pessoas conversam sobre o mundo como um todo, sobre história geral e o sistema global geral. E segundo, elas explicam que a física, a biologia e a química são fragmentos de um enorme sistema global: a Natureza. Nós não estamos aptos a alcançar e absorver isso de uma vez, mas podemos absorver fragmentos. Se você cortar um pequeno pedaço de um bolo enorme, então você poderá comer aquela fatia. Você, porém, não poderá engolir o bolo todo de uma vez. Isso é o que as ciências são separadamente, tal como quando estudamos biologia, que examina células vivas, tecidos e assim por diante.

A criança se relaciona com o estudo como se fosse um campo especifico, o que não é tão assustador. Ela olha para tudo de fora. E mesmo se ela mergulhar mais e mais fundo, não se afoga dentro dele ou fica confusa entre "Onde tudo isso está acontecendo e onde eu estou?". Ela olha para tudo objetivamente. Ela pode absorver todo o conhecimento em vez de se afogar nele, e isso é muito importante para as crianças!

Eu vejo frequentemente como as crianças têm medo da enorme quantidade de conhecimento jogada sobre elas. Todos os dias, inúmeras fórmulas são apresentadas a elas, indo de uma lição a outra. A física é seguida pela matemática, depois pela biologia, e depois pela história. Uma criança simplesmente se desliga e, no final, não absorve nada. Ela termina a educação formal e retém impressões, mas a maioria dessas impressões é acerca de coisas que aconteceram durante o recreio em vez do que aconteceu na sala de aula.

O importante é precisamente essa abordagem integrada, global que revela o mundo à pessoa. As crianças têm de discutir as lições por si mesmas, bem como a forma como são realizadas, além de todas as suas viagens e suas impressões sobre essas coisas. Desde tenra idade, as crianças deveriam ter a oportunidade de participar do mundo da maneira certa: ir a vários eventos, pelo menos duas vezes por semana, para saber como as coisas funcionam: um aeroporto, um hospital, um depósito, lares para idosos e asilos, fábricas e assim por diante. Assim irão sentir que estão preparando a si mesmas para o mundo real.

As crianças estudam na escola e ao mesmo tempo aprendem sobre o mundo externo. Elas estão mostrando o tipo de conhecimento que é necessário para viver nele. É assim que a preferência de alguém por uma profissão se torna clara, bem como sua atitude em relação ao mundo. Em uma escola normal elas são simplesmente forçadas a estudar. Nesse caso, porém, elas já entenderam que precisam desse conhecimento.

E mesmo que eu não precise realmente saber como o iogurte é feito, eu ainda sei que preciso de iogurte, e isso quer dizer que irei ver como ele é produzido. Afinal de contas, alguém vai fazê-lo, enquanto, ao mesmo tempo, eu irei trabalhar com motores, por exemplo. Isso significa muito! Eu não tenho de ser um médico, mas eu sei por que e como um hospital funciona.

O mais importante é mostrar às crianças que nós estamos incluídos uns nos outros e que todas as nossas profissões existem devido à criação da correta interação social. Dessa forma elas começarão a ter uma atitude muito calma em seus estudos. As crianças não querem ser incomodadas ou assustadas pela possibilidade de ingressarem na universidade na idade de 13 anos, mesmo considerando que elas são crianças normais e não de qualquer modo especiais. Elas têm simplesmente expandido seus limites, sua atitude em relação ao mundo, por isso o mundo não as assusta. O mais importante é superar o medo.

O GRUPO DEVE SER HOMOGÊNEO

- Atualmente, o processo de formação e educação é estruturado sequencialmente, assim, se uma criança sair do processo em algum estágio devido a uma doença ou a alguma outra circunstância, é frequentemente muito difícil ou até mesmo impossível para ela retornar.

O método sobre o qual estamos falando é aberto? Quer dizer, uma criança pode começar a participar dele em qualquer dado momento? Ou nós deveríamos ter certeza de que o nível de preparação da criança é aproximadamente o mesmo?

- Nós definitivamente temos de levar o nível de preparação da criança em consideração! Se uma criança fica doente ou algo lhe acontece e a obriga a faltar por um período de tempo, temos, então, de fazer todo o grupo, toda a classe participar disso. É melhor não chamar de classe, porque isso leva a uma associação negativa com classe social, com algum tipo de separação. Um grupo é algo amigável, um lugar onde cada um é amigo e igual. Sempre que qualquer pessoa ficar para trás, todo o grupo deve dar suporte a seu amigo.

O grupo deveria ser mais ou menos homogêneo. E mesmo que alguém se junte a ele depois de ele ter sido formado, isso deveria ser feito apenas quando não houvesse mais opções, e muito cuidadosamente. Será necessário dar a essa criança algum tempo de preparação, um "curso intensivo", assim ela poderá se ajustar ao fluxo geral e ao método, e irá entender a perspectiva sobre a vida do grupo, e isso não é fácil fazer.

Nós, no entanto, temos tido casos de crianças de fora se juntando ao grupo com sucesso. Elas passam por um conflito, mas o superam e se tornam parte do grupo.

E mais, eu acho que esse período traumatiza ambos, ela e o grupo. Fica claro quão difícil é para todos e para ela. Isso deixa uma cicatriz que permanece lá, não importa o que se faça.

Nós entendemos que vida é vida e estamos em um período de transição de um mundo egoísta para um mundo integrado, mas temos de tentar proteger os grupos que estamos criando e liderar as crianças cuidadosamente, então estarão abertas a todos, abertas precisamente porque conhecem e entendem umas às outras. É muito difícil para as crianças, porém, permitir que alguém se junte a elas.

DENTRO DOS MUROS DA ESCOLA OU FORA?

Quando descrevemos esse método, nós salientamos que o melhor resultado é alcançado quando uma criança passa por todas as fases de desenvolvimento, começando pelo tipo correto de concepção, desde o período pré-natal, seguido pelo período de amamentação, e assim por diante.

- De qualquer forma, é assim que a Natureza é organizada. Você vê como isso começa? Nós evoluímos de uma gota de sêmen e também temos de levar em consideração o nosso desenvolvimento subsequente.

Olhe o início, as sociedades primitivas: uma criança cresceu e foi naturalmente incluída no processo de vida. Uma vez que atinja certa idade, ela pode misturar-se com os adultos. Como ela cresceu, pode participar progressivamente de suas atividades. É assim que ela adere naturalmente ao processo, juntamente com seus pares.

O que acontece conosco, no entanto, é que, ao colocarmos uma criança na escola, nós a retiramos da vida ao redor dela, criando condições artificiais e impertinentes. E, além do mais, nós prolongamos o período de estudo escolar. Na idade de 6 anos, nós a sentamos atrás das carteiras pelos próximos 12 anos. Quando eu era criança, havia apenas 10 séries. E assim que as crianças terminavam a escola, elas tinham de ir para a faculdade. E depois da faculdade havia estudos adicionais. O resultado final é que a pessoa não participa de uma vida social mais ampla e somente aos 25 anos, algumas vezes aos 30, ela se junta ao sistema comum.

Nós temos de organizar as coisas para que o estudo esteja completamente integrado com a participação na vida da sociedade. E isso não deveria acontecer somente quando a pessoa já se tornou adulta (considerando que entre 16 e 17 anos ela já é adulta), ou quando ela termina a escola e é jogada na vida real, sem saber o que é isso. Isso causa grande estresse.

Até agora ela tinha sido perdoada por tudo, tudo o que ela fez foi louvável e todos faziam tudo para ela: aqui está seu lanche, roupas limpas e algum dinheiro. Ela recebeu todos os serviços por muitos anos, quando, de repente, lhe falaram: "Vá e faça tudo por si mesma, faça sua própria vida". Ninguém, porém, a preparou para isso. Ela foi preenchida com todo tipo de conhecimento desnecessário (se tanto, porque talvez ela somente tenha se sentando na classe por todos esses anos, sem escutar nada).

Todo esse tempo deveria ser usado para integrar a pessoa na sociedade! Isso, porém, não foi feito. A pessoa é educada artificialmente dentro de quatro paredes em alguma instituição de ensino, depois disso em diferentes clubes e festas, que também são artificiais. Isso não é suficiente. Nós temos de deixar que ela tome parte no trabalho real. Nós temos de deixar que ela se sinta como um adulto muito antes de ela se tornar um adulto e entrar na vida adulta.

Eu abriria uma conta bancária para a criança depois de certa idade e iria contratá-la para fazer serviços comunitários, pelos quais ela receberia certo salário. Isto é, ela deveria começar "brincando" de viver de um modo próximo à realidade. O benefício disso seria tremendo, para ela e para a sociedade. Ela entenderia melhor seus pais e desenvolveria senso de responsabilidade. É assim que nós ganharíamos um ser humano.

- Na Rússia Soviética havia um educador chamado Makarenko, que trabalhava com crianças de rua e delinquentes juvenis. Ele foi notável em demonstrar que a correção de uma criança ocorre sob a influência de uma atividade construtiva e criativa. Sob seu comando, as crianças montaram câmeras FED, que foi a única coisa que deu algum tipo de resultado.

Dentro do seu programa de educação, grupos de meninos ou meninas podem participar de algum projeto, criar certos valores e ganhar dinheiro fazendo isso?

- Os projetos em que eles trabalham têm de ser necessários. Nós os deixamos filmar coisas, então eles editam os materiais de áudio e vídeo, bem como textos sobre educação e formação.

Por um lado, isso os transforma em especialistas: eles aprendem a trabalhar com computadores, vídeo, áudio e textos. Eles trabalham com materiais e publicam os resultados de seu trabalho na internet. E no processo de trabalho de criar esses materiais, eles adquirem habilidades específicas que os ajudarão depois em sua orientação profissional. Além disso, eles se tornam criativos.

Por outro lado, isso os ajuda a entender a si mesmos. Isso porque estão trabalhando em seu próprio material e experimentando neles mesmos.

Por exemplo, as crianças visitaram uma fábrica, um planetário e depois um hospital. Elas têm de filmar tudo, discutir e editar isso. Assim elas têm o bastante para se ocuparem. Nós não temos tempo para dar a elas tarefas irrelevantes. Isso é similar ao que nós tínhamos na escola, quando eu era uma criança. Nós tínhamos uma classe chamada "artesanato", e eu gostava muito dessa aula. Esse tipo de trabalho desenvolve uma pessoa.

Além disso, nós mantemos grandes unidades de eventos nos quais as crianças trabalham junto com os adultos. Isso as eleva tremendamente e permite que elas sintam que estar juntas com todos é importante. É assim que elas trabalham, e é assim que a vida é organizada.

RECOMPENSA É GERADOR DE ENERGIA

- Suponha um grupo de crianças cuidando de um projeto e o completando. Nós devemos recompensá-las de algum modo? Um adulto pode premiar uma criança?

- É claro que nós podemos! Nós fazemos questão de que, sempre que os adultos se reúnem, haja crianças participando junto com eles. Nós chamamos as crianças para o palco e calorosamente agradecemos a elas e aos educadores. Elas ficam juntas em nossa frente com seus educadores, enquanto nós as aplaudimos e "as admiramos", por assim dizer.

- Quer dizer, elas ganham reconhecimento social.

- Definitivamente! Há outra forma!? Isso deve ser uma recompensa. Isso é a energia que faz uma pessoa continuar. Se uma pessoa não é recompensada, como ela vai continuar trabalhando?

- Suponha que eu observe as coisas como um especialista (pelas costas do instrutor) e veja que uma criança fez alguma coisa muito bem e superou um estado difícil. Eu poderia ir até ela, cumprimentá-la e dizer: "Ótimo trabalho, eu realmente gostei!"? Ou eu não deveria fazer isso e deixar que o grupo o faça?

- Você pode fazer isso. De fato, eu mesmo também o faço. A questão, no entanto, é que isso deve ser feito gentilmente, de uma maneira amigável e de um modo que não evoque presunção. Há o risco do orgulho, de fazer a criança se sentir superior aos outros, porque assim ela pode começar a mandar nas pessoas em volta, pensando: "Agora eu sei como as coisas deveriam funcionar aqui". Tudo depende da preparação, da criança e das circunstâncias.

- Nos últimos 100 anos, a psicologia desenvolveu um método de tomada de consciência e de trabalho com emoções "negativas", tais como rancor ou senso de culpa. Existe algum problema em revelar a uma criança como esse mecanismo funciona, de modo que ela se torne apta a superar sua irritabilidade, por exemplo? Isso também é um mecanismo comportamental. Se uma criança souber como isso funciona, talvez seja mais fácil para ela se livrar dessa falha ou usar isso corretamente?

- Nós definitivamente discutimos e contamos às crianças as razões do porquê de as emoções negativas surgirem. Não tentamos, porém, observar as doutrinas atuais, porque amanhã essas doutrinas irão mudar. Em vez disso, apenas apontamos as coisas que naturalmente decorrem de nossas observações. Isso é o mais importante. Você não dita fórmulas prontas para as crianças, mas as encontra junto com as crianças: "Uau! Olhe como as coisas acontecem na vida". E junto com elas você descobre sua dependência de certas qualidades que elas têm e suas expressões.

Desse ponto de vista, eu realmente gosto dos museus naturais, onde uma criança pode conduzir pequenas experiências, assistir a alguns fenômenos, colocar isso em movimento por si mesma e observar o resultado. Talvez alguma coisa imprevisível ocorra, e então teremos uma explicação de por que isso ocorre na Natureza.

Então a criança pode escrever sobre isso, e aí está uma lição de física para você. Você não precisa de nenhuma aula, nem de se sentar na frente de um professor chato, de um quadro negro, ou até mesmo da tela de um computador. Essa é a melhor forma de aprender sempre que for possível. Se, no entanto, for impossível fazer algo assim, ainda há muitos filmes científicos. O melhor, porém, é fazer isso na vida real e discutir depois.

A VERDADE SOBRE A VIDA NÃO É TÃO ASSUTADORA

- Há alguma regra com relação à idade? Por exemplo, uma criança entre 9 e 12 anos deveria receber mais informações sobre o reino animal, enquanto crianças mais velhas deveriam aprender mais sobre fenômenos sociais?

- É claro! Isso é natural! A cada idade os mesmos objetos são estudados diferentemente. As crianças estão mais familiarizadas com plantas e animais do que os adultos, porque essas coisas estão mais próximas delas. É claro, tudo depende da idade.

Por exemplo, recentemente nós tivemos crianças visitando uma fábrica que produz remédios. Isso é muito interessante! Isso envolve física, química, biologia e mecânica. Isso envolve processar materiais, bem como discernir que ingredientes são necessários para quais remédios e por quê.

À primeira vista, a fábrica parece uma pequena construção, mesmo as fábricas farmacêuticas não são usualmente grandes. Tudo lá é automático, com ingredientes sendo derramados um por um. Depois eles são misturados, as pílulas são agitadas e saem pré-embaladas. Os trabalhadores de lá, então, falam sobre esses medicamentos e como são usados: que são para dor de cabeça ou para alguma outra coisa. E tudo é mostrado a você na prática.

As crianças recebem a impressão correta dessa experiência. Elas entendem imediatamente que há uma quantidade enorme de profissões envolvidas aqui, integradas umas às outras, envolvendo mecânica, eletrônica, química, biologia e assim por diante.

Isso, entretanto, não é adequado para crianças pequenas. É mais apropriado para adolescentes sérios.

- Nós tivemos uma experiência importante, quando perguntamos às crianças de 9 a 13 anos se elas gostariam de fazer uma excursão à prisão...

- Eu estava apenas começando isso. Elas não deveriam aprender apenas a partir de fenômenos positivos. Nós planejamos levar as crianças precisamente a lugares como prisões e centros de reabilitação. Definitivamente, nós precisávamos mostrar isso a elas, e isso foi feito frequentemente! As crianças têm de reter impressões de todas as facetas da vida e assim formar uma atitude distinta.

Afinal, todo o problema é que a criança não sente as implicações de suas ações negativas. Se ela sentisse antes, então nós poderíamos tratá-la como um adulto.

Por que nós temos tal atitude compassiva para com as crianças? Porque elas não podem ver ou predizer o futuro. É por isso que nós dizemos que elas não podem ser responsabilizadas por suas ações.

Quando, porém, uma criança observa as consequências das ações negativas de outra pessoa, como alguém sendo preso, ou adoecendo, ou não conseguindo superar seu vicio em drogas ou álcool e vê o que acontece com essa pessoa: que teve câncer no pulmão por fumar, ou outra que morreu porque caiu do telhado, então nós podemos lhe ensinar a partir de exemplos de outros para "Considerar as consequências". Dessa forma nós a resguardamos de repetir essas ações ou erros.

Nós não começaremos a tratar as crianças como adultos até que elas vejam essas coisas. Elas, porém, já se tornarão adultas.

- A partir de qual idade nós podemos começar a envolver uma criança nesse processo de observação de coisas negativas, tal como levá-la a um centro de traumatologia infantil, onde seus pares estão hospitalizados?

- Com a mesma idade que seus pares hospitalizados. Com 5 ou 6 anos elas já irão entender isso. "Olhe aquele menino. Deixe-o contar o que ele fez. Oh, ele pulou sobre um portão, e aquele escaou o telhado, e aquele foi atropelado por um carro e agora está com um braço ou uma perna engessada". Você sabe que lição para a vida é isso!? É claro, nós deveríamos tomar cuidado com lesões sérias, tais como a perda de um olho ou um braço. Isso tem de ser feito muito gradualmente, mas eventualmente todas as consequências negativas deveriam ser mostradas.

E quando ficarem um pouquinho mais velhas, elas poderão visitar uma maternidade e assim por diante. É isso, nós temos de mostrar a todas elas a vida em sua forma apropriada. O que isso acarretara? Isso irá ajudá-las a interagir corretamente e a se colocar apropriadamente em relação a todas essas consequências.

- Eu penso que é aí que muitos pais deveriam perguntar: "Nós não iremos assustar ou até mesmo paralisar uma criança com essa verdade sobre a vida?".

- Nós, porém, não estamos, gratuitamente, dizendo a uma criança: "Hoje nós vamos visitar um hospital e olhar alguns braços e pernas quebrados". Nossas crianças estão em um processo constante de formação, em um processo contínuo de entendimento acerca delas mesmas e do mundo, e em uma constante discussão sobre tudo ao seu redor. É por isso que nós podemos ver a ordem em que podemos mostrar isso para elas, para que tudo seja percebido da maneira correta.

APRENDENDO A VIVER A PARTIR DA PRÓPRIA VIDA

O que nós esperamos das visitas a esses lugares? As crianças deveriam associar a elas mesmas a pessoa ou o fenômeno que nós mostramos, positiva e negativamente. Elas deveriam se sentir envolvidas. Assim alcançaremos um efeito positivo, mesmo visitando uma prisão, por exemplo. Uma pessoa quis roubar algo ou infringiu alguma lei e foi isso o que aconteceu com ela, foi esse o resultado.

- Vamos dizer que as crianças foram a um hospital e viram algum fenômeno negativo. Como essa informação é processada e que conclusões são tiradas?

- Normalmente realizamos essas discussões. Nós voltamos do hospital, onde tudo foi filmado. E gravamos tudo no mesmo dia, portanto um dia inteiro é devotado a esse tópico. Também, antes do passeio, temos um *briefing*, em que mostramos e contamos às crianças o que elas irão vivenciar. No hospital, um médico ou um guia nos explica onde estamos e o que aconteceu a alguém. Ele nós leva para ver crianças hospitalizadas e nos conta como elas estão sendo tratadas e o que aconteceu a elas. Gravamos tudo em vídeo e cada criança faz suas próprias anotações. Nós até mesmo preparamos jalecos brancos para elas e, em geral, tudo é feito de um modo atrativo e intrigante.

Quando voltamos, começamos discutido todo o processo, mas de uma perspectiva mais ampla. Por que o hospital existe, como funciona, como se dá a prática médica das diferentes especialidades, como as crianças foram parar lá e assim por diante.
O mais importante é que elas também veem o benefício de todo o quadro de funcionários do hospital, médicos, enfermeiras e atendentes, bem como os remédios etc.. Nós mostramos a elas como a humanidade depende de várias profissões e formas de atividade e como tudo isso serve para ajudar as pessoas. Por outro lado, no entanto, elas veem que uma pessoa tem de tomar conta de si mesma, para que não termine num hospital e não se torne um fardo para as outras pessoas que agora têm de tomar conta dela.

Nós temos de pensar sobre o que podemos fazer para não nos tornarmos um fardo para as outras pessoas. Esta já é uma conclusão correta: quando você quer escalar algum lugar perigoso, primeiro pense no fato de que você não irá apenas quebrar uma perna, mas outras pessoas terão de tomar conta de você. E esse é um "peso" sério para se carregar. É uma boa conclusão para se chegar.

O PREFERIDO DO PROFESSOR

- No processo de interação com crianças, uma geralmente se torna a preferida do professor. Isto é, os instrutores tendem a gostar mais de umas crianças do que de outras. Qual é a maneira certa de lidar com isso?

- Os instrutores não podem fazer isso! Se eles o fizerem, então não são instrutores. Além disso, nós devemos incutir uma percepção absolutamente integrada do grupo e do mundo nas crianças. Ninguém pode ser melhor do que ninguém! Todos nós fomos criados iguais pela Natureza, nós temos apenas de aprender a usar nossas inclinações e qualidades corretamente. Essa é uma condição necessária para a interação integral. É isso o que a Natureza demanda de nós.

Precisamente pelo fato de sermos tão diferentes, a conexão entre nós produz este belo mundo multifacetado. Nós, portanto, nunca deveríamos cortar algo de uma pessoa apenas porque achamos inapropriado. Sob quaisquer circunstâncias, nós não devemos amarrar ninguém ao "leito de Procusto".

O único padrão que existe é dar a cada pessoa o direito à formação. Assim ela irá encontrar seu lugar correto na sociedade, e nós teremos o mosaico apropriado: uma sociedade harmoniosa.

- Então eu gostar ou não gostar de uma pessoa é apenas a expressão dos meus próprios problemas?

- Não, eles não deveriam estar lá de qualquer forma! Se os problemas pessoais estão presentes, aquela pessoa não pode ser um instrutor. Ela tem de constantemente controlar a si mesma e trabalhar nisso.

- Como ela deveria trabalhar nisso?

- Ela deve trabalhar em si mesma individualmente, bem como com outros instrutores, para aprender a tratar o mundo integralmente. Integralmente quer dizer que, na minha atitude em relação ao mundo, eu não divido as pessoas com base em nenhum atributo externo. Eu vejo inicialmente que elas e eu fomos criados corretamente, e nós temos apenas de nos conectar da maneira correta. Então tudo se tornará correto.
Você verá que não há nada de prejudicial em qualquer pessoa, ela pode revelar qualquer inclinação, desde que a utilize corretamente. Esses são os princípios da sociedade integrada, e eu penso que a humanidade irá entendê-los.

- Há algum problema em aplicar trabalhos de campo desenvolvidos pela psicologia materialista a um grupo de crianças?

A psicologia materialista está na base de nossa abordagem do mundo. Nós apenas não aceitamos seus cânones como invioláveis e sagrados. Quando nós começamos a trabalhar na formação integral em nossos grupos, nós vemos que novas leis, novas conexões e novas regras emergem. E elas também mudam. Estudando essas leis e conexões, nós gradualmente desenvolvemos um novo arcabouço de regras para o comportamento de uma pessoa na sociedade integrada, porque nós descobrimos a nós mesmos nisso, involuntariamente, e não conhecemos suas regras. Nós temos de aprender a viver a vida a partir da própria vida.

Eu espero que a humanidade gradualmente se adapte às novas leis naturais nas quais nos encontramos, e nós tentaremos ajudar a qualquer um que queira isso.

O educador como um diretor de teatro

-A aparência mutável do Educador

-Rotatividade, dinâmicas e criatividade

-Transforme todo o mundo circundante em uma "Mãe"

- O educador deve ser monitorado?

-O educador como um diretor de teatro

-A idade anterior a 9-10 anos é crucial

-As crianças serão os professores da próxima geração

-Pais não deveriam ser educadores

-Quem pode ser um educador?

Quem é o "educador"? Como ele deve ser preparado e como deve interagir com as crianças e com os pais?

-No verdadeiro sentido da palavra, educador é aquele que ensina. Isto é, existem várias instruções e ele está no comando para certificar-se de que elas estão sendo observadas.

Em nosso caso, porém, estamos dando uma educação às crianças. Isso significa que fazemos o oposto: damos à pessoa a chance de descobrir por si mesma, tocar, cheirar, experimentar, atingir tudo e então tirar suas próprias conclusões de forma independe. É isso que os educadores fazem.

-Mesmo que ele seja apenas três anos mais velho do que a criança com quem esteja trabalhando?

-Isso não importa, ele a eleva e ajuda a assumir uma imagem diferente, em vez de meramente ensinar. Podemos dizer que um instrutor é uma rígida noção militar, enquanto que um educador é uma noção mais flexível.

A aparência mutável do educador

-Se um educador favorece determinada criança mais do que outras, ele deveria ser um educador?

-Nesse caso ele deveria trabalhar em si mesmo, imediatamente (com o melhor de suas habilidades), ou ser tirado do grupo de crianças.

Trabalhando com crianças, o educador muda e se desenvolve constantemente. Somos todos humanos, por isso nos desenvolvemos constantemente. Quando trabalhamos com os outros, mesmo que no papel de "educadores", graças ao grupo também estamos sendo educados.

Se o educador agisse de maneira a tornar todos os seus estados de desequilíbrio e distorção em relação às crianças um objeto de trabalho em si mesmo, e se ele desenvolvesse uma atitude balanceada em direção às outras pessoas, seria muito bom! Na verdade, porém, isso é muito diferente. A melhor maneira de agir é criar um ambiente no qual suas atitudes não ocasionem nenhuma mudança drástica em nenhuma direção.

Quando você descreve esse tipo de educador, estabeleço um paralelo com a minha profissão. Como psicoterapeuta, eu não tenho direito de expressar minha afeição pelas pessoas com quem trabalho. De outro modo, meu trabalho terminaria. Eu, no entanto, tenho um grupo de apoio, que reúne pessoas como eu, outros psicoterapeutas. Nós nos ajudamos e resolvemos as dificuldades que não podemos resolver com os pacientes. Para um educador do sistema integrado, haverá um grupo de educadores como ele, junto ao qual ele possa solucionar suas dificuldades?

-Educadores se unem em encontros. Eles estudam constantemente com o propósito de se elevarem, para discutir suas dúvidas e resolvê-las entre eles. Adicionalmente, eles estudam constantemente todos os tipos de fontes textuais e assim avançam. Paralelamente ao trabalho com crianças, eles devem se afinar na direção certa. Uma vez feito isso, podem vir para o grupo de crianças.

Antes de o educador vir ao grupo, ele deve ler e pesquisar materiais novos. Em outras palavras, ele deve se afinar. Ele não pode apenas levantar e entrar no grupo de crianças. Ele tem de assumir um disfarce específico, criá-lo internamente e somente assim vir ao grupo. Isso requer uma preparação e uma boa afinação toda vez que ele vier ao grupo. E essa afinação geralmente acontece dentro do grupo de educadores, professores e instrutores.

- Qual é a máscara que ele deve vestir?

- A imagem de uma pessoa que é um guia do sistema. É como se ele não fosse uma pessoa, mas um sistema que faz de uma criança um "produto semiacabado".

Um educador deve pensar frequentemente em como "dar um puxão" nas crianças e guiá-las na direção necessária, a partir de perguntas opostas, influências positivas ou negativas, a partir dos outros e com a ajuda da influência coletiva sobre cada pessoa.

Ele não deve apenas manipular a criança automaticamente. Em vez disso, sempre deve procurar o melhor jeito de a criança agir de acordo com a escolha de uma meta específica. É assim que eu devo me conectar com os outros; é assim que eu devo me posicionar.

O mais importante é que as crianças devem acumular tantos modelos comportamentais quanto possível — os modelos mais contraditórios e multifacetados, positivos e negativos, os mais diversos.

Depois disso, a partir de debates, jogos e socialização, elas devem saber qual modelo é mais adequado, qual devem usar e nele permanecer. A pessoa deve trazer a si mesma a um estado em que todos são iguais e então escolher a imagem necessária de acordo com essa visão.

Rotatividade, dinâmicas e criatividade

Anteriormente dissemos que o ideal seria que o grupo fosse composto por 8 a 10 crianças e tivesse não um, mas dois ou três instrutores trabalhando com elas.

Eu penso que um grupo de 10 crianças com dois instrutores é a medida ideal.

- Um dos instrutores deveria estar sempre com as crianças ou eles deveriam se alternar?

- Penso que deveriam se alternar. É claro que as crianças sentem-se mais confortáveis com um instrutor, mas se acostumar com as coisas as limita, cria padrões que são perpetuados dia após dia. Em vez disso, nós deveríamos provocá-las constantemente, assim elas se veriam obrigadas a resolver os problemas de suas vidas como um quebra-cabeça. Isso tornaria seu senso de direção mais acurado. A criança teria de descobrir em qual posição ela se encontra frente a seus amigos, e também perante seus instrutores, e como ela deveria agir sob novas circunstâncias.

Isto é, nós temos de torná-la o mais flexível possível, e instrutores permanentes não se enquadram nessa questão.

Penso que parece mais desafiador ter muitos instrutores num grupo grande, simultaneamente. O espaço, no entanto, ainda é limitado. A melhor abordagem é mudar tudo o tempo todo, inclusive o cenário, a diversidade de crianças e o instrutor que está próximo a elas.

- De quantos instrutores estamos falando nessa rotatividade? Umas dez pessoas ou apenas uma pessoa nova a cada vez em que as crianças se reúnem?

- O mais importante é que eles se alternem. É melhor ter quatro pares de educadores que se alternam constantemente num grupo de dez crianças. Eles mudam de um grupo para outro e esses pares também mudam.

E assim haverá mudanças suficientes de cenário e as dinâmicas serão observadas. Adicionalmente, o grupo de crianças também se mistura.

Elas devem sentir que todos nós, todas as pessoas da Terra, estamos participando de uma única comunidade global integrada. Eu não me importo exatamente com quem está perto de mim, eu tenho de ser capaz de entender todo mundo e estabelecer um relacionamento com todos.

Deve haver menos barreiras quanto possível, qualitativas ou quantitativas. Temporárias ou humanas. O assunto também deve mudar constantemente. Absolutamente tudo deve mudar!

Dessa maneira a pessoa irá sentir as mudanças ocorrendo dentro dela. Ela será constantemente forçada a se avaliar, avaliar os outros e o cenário, para revisar o critério que anteriormente pareceu claro e correto, com o qual ela já cresceu acostumada. Hábito não é bom. Deve haver constante criatividade.

- Em essência, você acabou de sugerir que retiremos todos os recursos nos quais a pedagogia se baseia.

-Isso porque é mais fácil para os pedagogos. Eles criam um sistema ou cenário estagnado, porque se sentem confortável nele. Onde, porém, se encontra o espaço para a criatividade?

-Nesse caso, onde as crianças conseguirão recursos? Nesse sistema geral?

-Sim. De que outra maneira isso poderia funcionar? Existem sete milhões de pessoas a minha volta e eu tenho de me sentir confortável quando junto com todas elas. Eu tenho de estar disposto a absorver todas as imagens delas dentro de mim.

Se eu estou disposto a fazer isso apenas com um pequeno grupo, então nunca sairei de dentro da minha casa, do parque ou do jardim de infância. Em princípio, isso é o que está acontecendo com as pessoas atualmente. Elas experimentam coisas agradáveis na infância e, às vezes, na juventude (apesar de que, até lá, seu círculo de amigos estreitou-se consideravelmente), e assim não querem ir para lugar nenhum.

Por que a rede social "Classmate.com" é tão popular? Em que as pessoas são atiradas? Elas não possuem nada! É por isso que elas só querem retornar para seus parques e escolas. Por quê? Porque lá elas tiveram barreiras e se sentiram bem. "Então vamos voltar a ser crianças novamente", elas pensam. Em outras palavras, elas continuam crianças. Elas nunca amadureceram, não receberam nenhuma ferramenta para entrar no mundo e achar orientação nele.

Quais são os atributos pelos quais eu escolho meus amigos no "Classmates.com"? Quando eu era jovem, eu era amigo deles. Mas agora sou adulto e não tenho ninguém. Então, eu voltarei para eles.

Aonde nós chegamos? Essencialmente, a pessoa nunca deixou a infância, sente falta. Mas que tipo de infância foi aquela? Ela também foi limitada pelas barreiras de um sistema rígido! O sistema não lhe ensinou ser flexível, portanto ela quer voltar à infância com o intuito de se sentir pelo menos mais confortável. Ela é um pequeno cubo dentro de uma pequena caixa e lá se sente bem.

- Nos primeiros três anos da vida de uma criança, ela fica perto da mãe, tem um contato próximo com ela. Repentinamente, uma mudança drástica ocorre, quando a criança começa a interagir com os outros. Como podemos tornar essa transição confortável?

Isso tem sido pré-planejado pela Natureza. Vemos como, de repente, na idade de 3 anos, a criança começa a brincar com outras. Anteriormente ela nem percebia a existência dos outros. Tudo o que ela conhecia era a si mesma, sua mãe e seus brinquedos. Isso era tudo; ela não tinha nenhuma vontade de ser sociável.

Ela, porém, começa a sentir "Eu quero brincar com alguém", "Eu quero enxergar uma pessoa e aprender a fazer coisas junto com ela". Ela começa a observar outras crianças. Isso acontece automaticamente e começamos a desenvolver essa atividade assim que aparece.

Transforme todo o mundo circundante em uma "Mãe"

-A criança tem necessidade de sempre retornar ao mesmo lugar. Às vezes ela brinca num território neutro e então ela quer voltar, para mergulhar naquela sensação novamente. Adultos também fazem isso.

-Nós queremos retornar para nossas mães. Isso é natural. Está infiltrado em nossa natureza. Mas como podemos fazer o ambiente, que se expande constantemente à nossa volta, tornar-se nossa "mãe"? Mesmo que se expanda e absorva mais e mais imagens estranhas, como podemos fazer com que o ambiente permaneça tão amigável, amoroso e confortável para nós como o útero, onde nos desenvolvemos e pelo que continuamos a ansiar, semelhante a uma criança que corre para se esconder embaixo das saias de sua mãe?

-Temos de aprender como transformar o ambiente circundante em um "útero". Se nós criarmos um ambiente que tenha as qualidades de doação e amor, ele será mesmo como uma "mãe".

Em princípio, é isso o que o grande mandamento fala: "Amarás o teu próximo como a ti mesmo". Você foi feito para sentir instintivamente o que é uma mãe — o lugar mais seguro, mais gentil do mundo. Você pode já ser um adulto, mas ainda aspira instintivamente por esse sentimento como uma criança.

Façamos, então, com que o mundo seja dessa maneira!

- As pessoas realmente anseiam por isso. O que você está descrevendo parece maravilhoso, mas soa irreal.

- Temos de pensar a respeito e fazer com que aconteça. Por outro lado, nossa natureza nos obriga a alcançar isso de qualquer maneira. O mundo está começando a ser revelado como um sistema global integrado. O que isso significa? Significa que o mundo está nos forçando a tratar uns aos outros da mesma maneira que nossas mães nos tratam. Juntos, então, adquiriremos precisamente esse estado de ser "dentro do útero materno".

-Você está dizendo que a globalização que tanto assusta as pessoas é na verdade uma "mãezona carinhosa" em nosso caminho?

-Isso é uma revolução, e como nós a atravessaremos depende somente de nós. Nós podemos atravessá-la de um jeito prazeroso, juntando nossos esforços, entendendo para onde estamos indo, ou atravessaremos isso completamente desorientados, como uma criança que perdeu sua mãe. A Natureza nos forçará a criar uma sociedade que corresponda exatamente à imagem de nossa mãe, a Natureza, "Mãe Natureza".

- Geralmente, é muito difícil para a mãe, quando um filho adquire independência, porque a necessidade de ficar perto dela diminui.

-Numa educação ideal, quando o filho começa a querer se separar da mãe, na proporção em que ele deseja isso, ele deveria construir um ambiente ao seu redor (com nossa ajuda), o qual a substitui, e, gradativamente, transferir essa função para a sociedade a volta dele.

A Natureza tem organizado as coisas de maneira que os filhos se separem de suas mães. Isso é inevitável. Temos somente de fazer com que o mundo circundante substitua a mãe de cada filho, mas precisamente no nível em que o filho tenha a atitude correta em relação ao mundo à sua volta.

Uma mãe aceita seu filho, não importando o que ele seja. Ele é dela. E para o mundo, ele "é do mundo" ou "não é do mundo", dependendo do quão corretamente ele trate o mundo. Temos de criar um ambiente que ensine à criança a atitude certa em relação ao mundo. O mundo, então, substituirá sua mãe para ele.

A mãe é uma mãe para o corpo da criança, enquanto o mundo é uma mãe para o ser humano numa pessoa, quando ela forma a imagem certa fora de si mesmo. No nível em que ela "ainda é uma pessoa", isto é, na medida em que ela ainda não vive em doação e amor ao próximo, o mundo se relacionará com ela diferentemente, não como uma mãe.

- Uma das definições de distúrbios psicológicos é hipersensibilidade em relação a si mesmo e falta de sensibilidade em relação ao mundo externo.

Se criarmos essa estrutura, nós criaremos crianças mais saudáveis de alguma maneira?

O mais importante, eles serão saudáveis no sentido espiritual. E, naturalmente, isso será expresso em seu bem-estar físico.

O Educador deve ser monitorado?

-Nós falamos que o educador deve afinar-se com a interação geral. E é inaceitável mostrar preferência por certa criança. E se esse sentimento continuar a aparecer?

-O educador deve manter-se acima de si mesmo. De outra maneira ele não será um educador. O educador deve trabalhar somente com o coletivo. Ele não tem nenhuma opinião ou sentimento pessoal.

Ele apenas se apresenta como mediador ou estabilizador do ambiente. Ele tem uma direção clara e objetiva a partir da qual ele atua. Ele é como uma máquina que trabalha apenas para desenvolver seus participantes dentro do time ou do grupo, sem efetuar nenhuma mudança em seus próprios desejos.

- Quando a pessoa sente um desejo desagradável, ela tenta ignorá-lo, suprimi-lo. Tomando isso em consideração, é necessário monitorar o educador?

- Naturalmente. Nos grupos em que conduzimos as pesquisas e desenvolvemos as técnicas, tudo é gravado. Isso nos obriga a observar a dinâmica que lá existe. Os instrutores falam sobre os problemas que encontraram dentro dele ou no grupo, mas ainda existem certas coisas que enxergamos de fora, e outras não. É um processo.

O instrutor, contudo, rapidamente encontra sentido nessa prática. É simples e não requer nenhuma teoria complicada, origina-se de integridade, unidade, conexão, globalidade e flexibilidade.

O que se opera aqui é uma aspiração natural da pessoa. E isso é algo que não requer muitas teorias e métodos. O educador compreende os métodos necessários bem rapidamente. Ele vive dentro deles, encontra seu caminho em volta deles e se torna sensível a eles. Ele começa a adquirir suas próprias técnicas e sente como se afinar às crianças segundo o modo certo de interação. Há muito espaço para variações, buscas e estados. Dentro desse processo e fazendo isso, a pessoa sente que, estudando nossa natureza, nós nos manipulamos e manipulamos a Natureza, com o intuito de nos trazer para a unidade, que é a nossa meta.

-Os educadores se reúnem para assistir aos vídeos com suas participações e debatem isso com os outros? Existe lugar para críticas construtivas?

-Os educadores também deveriam ter seus próprios grupos, nos quais eles podem debater tudo. Eles devem estudar a experiência de cada pessoa e também suas experiências conjuntas, materiais e impressões. Afinal de contas, por que outra pessoa deveria cometer o mesmo erro? Se alguma coisa aconteceu no grupo, eles deveriam tentar comparar isso com outro grupo e ver o que aconteceu. Eles deveriam tratar esse processo como vivo e atual e entender que as crianças são como massinha de modelar, assim como nós.

Vamos tentar isso. Nenhum mal pode ser feito, tudo está sob nosso controle e, se tentamos isso em nós mesmos, alcançamos impressões do que está certo e do que está errado, e essa é uma experiência valiosa da qual precisamos.

O progresso na coletividade deve incluir a sensação de se estar imerso em imagens negativas, fenômenos, conexões e conflitos. Devemos sempre aprender com eles.

Coisas positivas crescem somente sobre coisas negativas depois de as termos experimentado e discernido. Temos de sentir nossa natureza em sua mais profunda negatividade. Somente então seremos capazes de construir algo positivo em cima disso.

O Educador como um Diretor de Teatro.

-Se um educador se envolve profundamente no ambiente das crianças, consequentemente funde-se com ele. Não é um problema ele se tornar a mesma coisa que as crianças, não é degradação para o educador?

- Eu não acho que seja degradante. Uma pessoa que educa crianças tem de estar no nível das crianças. Se ela controla a si mesma constantemente, se leva essas crianças a um estado específico, então ela está no nível de educador e no nível das crianças, simultaneamente.

O educador deve reter esses dois níveis dentro dele e entender claramente: este sou eu e esse são elas. Como eu as manipulo? Como eu as faço se controlarem? Como eu faço com que elas se tornem cientes de seu comportamento, sua natureza e suas inclinações? Onde elas devem se levantar e acima de quê? Como elas podem se superar e para que, com que objetivo?

Ele está sempre com elas, analisando o que está acontecendo e experimentando todos os estados junto com elas. Ele, no entanto, está presente como um diretor ou produtor de teatro. Ele molda os grupos, usando estados conflitantes, mesmo aqueles que são artificiais. Fabricando todos os tipos de problemas para as crianças, ele provoca grandes convergências entre elas.

Afinal de contas, o grupo trabalha de maneira compatível, apesar de as crianças serem muito diferentes. Por exemplo, crianças novas podem entrar no grupo, ou haverá mudanças entre os instrutores, as coisas podem ficar tensas, ou podem ocorrer algumas interrupções e problemas podem aparecer.

Colocamos as crianças nessas situações constantemente, vemos como elas resolvem isso, como elas encontram um "denominador comum" em cada situação.

O educador tem de ser como o diretor de teatro ou o produtor desse processo, e tem de fazer isso com dinamismo, mantendo o controle constantemente.

-As crianças deveriam perceber que o educador está nesses dois níveis?

-Sim, claro, elas devem entender isso. Ele está com elas, mas ele sabe e entende mais do que elas.

Na realidade, eu não vejo nenhuma diferença entre a função de um instrutor, educador, professor e a função do profissional que regula o comportamento de massas e multidões, que controla uma sociedade, uma nação ou mesmo a humanidade. Em princípio, é a mesma profissão. Só que, no primeiro caso, existe um pequeno grupo de crianças que estamos educando e, nos outros casos, existe um grande número de pessoas envolvidas, e eu também tenho de educá-las.

Como alcançar os adultos, as massas e multidões? Eu não acho que exista grande diferença entre o instrutor de um pequeno grupo e uma pessoa que precisa controlar um grande número de pessoas, isto é, não controlar, mas educar.

A idade anterior a 9-10 anos é crucial

Digamos que precisamos reunir crianças de idades diferentes em um lugar onde elas tenham de aprender a encontrar um "denominador comum" em situações diferentes. Nós reunimos uma sala inteira de crianças, digamos 500 ou 1000 crianças de idades diferentes. Como devemos interagir com elas?

-Você está começando diretamente com uma massa, mas isso é incorreto.

Nós vemos como a criança desenvolve-se naturalmente. Primeiro ela está no útero da mãe, depois está ao seu lado, então ela engatinha para longe da mãe, então caminha muitos passos para mais longe dela dentro de casa. Depois ela sai para o mundo ao redor, mas ela ainda está perto da mãe, num carrinho ou no colo (dependendo da cultura).

Nós vemos que a criança ganha acesso gradual ao ambiente somente na medida de sua habilidade de interagir com ele corretamente. É assim que ela expande seu círculo.
A mesma coisa deveria acontecer aqui. Não podemos apenas colocar 1000 crianças juntas e esperar que sejamos capazes de cuidar delas corretamente. Isso é impossível.

A única coisa que você será capaz de fazer é sufocá-las. Você pode fazê-las se sentar, ligar as luzes e colocar uma tela na frente delas, então elas assistirão a algum tipo de filme interessante. Isso, porém, não é aprendizado, e você não alcança nada fazendo isso. Você meramente as desliga delas mesmas. O aprendizado, porém, tem de ser construído na expansão.

Se vocês já possuem grupos de crianças que entendem umas às outras, que são capazes de se unir em uma só, então você pode tentar conectar muitos grupos. Assim, três ou quatro grupos serão como três ou quatro crianças juntas.

Você pode fazer isso uma vez que elas já tenham entendimento comum com o outro, depois de ter concluído o trabalho preliminar com cada criança em cada grupo, para que elas sintam essa união dentro delas.

- O que podemos dizer sobre limite de idade?

-Na idade de 9 ou 10 anos, a estrutura da pessoa já esta formada completamente. Completamente! Depois da idade de 9 ou 10 anos, somente se desenvolve o que foi incutido nela inconsciente e conscientemente, incluindo-se instintos e informação genética. Tudo o que já está nela se desenvolve daqui para frente, mas praticamente nada é adicionado.

Os educadores devem elaborar um plano preciso sobre como se comportar com as crianças durante o período em que elas estão acumulando suas impressões iniciais do mundo ao redor, o que acontece antes da idade de 9-10 anos no mais tardar. Depois disso é muito difícil fazer qualquer coisa com uma criança.

É claro, ela irá imitar nossas normas, comportamentos e regras. Essas, no entanto, são apenas instruções e não vieram da personalidade da criança. Não seria o mesmo se ela tivesse absorvido de você gradualmente uma atitude para com o mundo, fazendo disso sua própria atitude, logo após ter nascido e no processo de crescimento. Se ela aprende algo pela primeira vez depois de 9 ou 10 anos, isso não seria mais dela.

-Deixe-me entender. Se prepararmos a criança desde a infância, ela atravessa situações especificas, então, quando ela tiver 9 anos mais ou menos, já deveria ter experimentado a união dentro de grupos grandes?

-Ela tem de entender por que isso é feito. Deve adquirir habilidades especificas nessa área. Ela tem de sentir sensações positivas e negativas, contatos, ações e resultados no seu nível de entendimento, percepção e instintos.

Temos de coletar tudo isso e acumular todas essas imagens dentro dela. Elas devem estar presentes dentro da criança como informações: eu estou junto com todo mundo; eu estou contra todos; isto é bom; isto é mal. Devem se acumular dentro dela como *frames* em sequência cronológica.

A criança, então, utilizará esses *frames* em sua vida. Esses modelos estarão sempre presentes nela como pontos de referência tanto conscientes como inconscientes. Eles estarão operando na criança constantemente, e ela se orientará com a ajuda deles, muitas vezes nem percebendo que está fazendo isso.

É necessário, desde a mais tenra idade e tanto quanto possível, preenchê-la com impressões positivas e negativas sobre a unidade, a globalização e a integração. Esse é seu passaporte para o novo mundo.

As crianças serão os professores da próxima geração

-O educador deve interagir com os pais das crianças?

- É preferível que esse mesmo cenário e atitude continuem em casa. Infelizmente, isso só será possível se os pais também passarem por esse sistema de aprendizado. De outra maneira eles simplesmente não saberão o que é requerido deles.

Eles irão, mecanicamente, colocar algumas barreiras, as crianças sentirão o quanto eles são artificiais e pensarão que seus pais não entendem nada. Elas serão internamente mais flexíveis do que eles. Elas serão mais espertas e terão um entendimento melhor da sociedade, das relações humanas, motivação, mentalidade e metas. A sabedoria continuará se desenvolvendo nelas, mesmo que paremos de lhe fornecer métodos e nuances psicológicos.

Se os pais não se desenvolvem lado a lado com a criança, ela irá vê-los meramente como "animais" (pertencentes ao nível animal de desenvolvimento). A atitude da pessoa em relação à sociedade e a habilidade de criar o ambiente certo é o que diferencia as pessoas dos animais.

Suponha que, de alguma maneira, os pais estudem o método de aprendizado integrado em seu próprio nível.

- Eles devem fazer nossos cursos antes mesmo de planejarem ter filhos. E isso não se aplica apenas aos pais. Em princípio, todas as pessoas devem passar por isso: jovens, velhos e crianças. Isso, porém, é importante especialmente para aqueles que planejam serem pais. Eles estão planejando dar vida a um ser humano do futuro ou apenas a um filhote?

- Devemos, então, desenvolver cursos para aqueles que não passaram por todas essas fases na infância? É possível prepará-los agora?

-Somente pela mídia, especialmente internet e televisão. Não existem outros meios. O material impresso está, praticamente, desaparecendo, o que torna a televisão e a internet os meios de comunicação mais importante.

Temos de entender que toda a humanidade está no limiar de um mundo novo e precisa passar por um período de transição no aprendizado, na educação, e todos podem aprender enquanto se adaptam a isso.

Logo não haverá mais nada a fazer. Não teremos mais a matéria prima para produzir tudo o que produzimos hoje somente para jogar fora seis meses depois da aquisição. Pessoas começarão, gradativamente, a organizar os estabelecimentos educacionais, portanto estou certo de que a profissão mais importante na próxima geração será a de educador, de instrutor ou de professor. Primeiramente, porém, as pessoas devem ser treinadas apropriadamente para isso.

Eu espero que as crianças que estão estudando hoje em nossos grupos se tornem os primeiros professores das futuras gerações.

Pais não deveriam ser educadores

-Digamos que existam pais que fizeram o curso, estudaram o método e têm filhos que vão a essa escola. Você pode descrever como essa família irá interagir entre si? A criança vem para casa depois de passar a maior parte de seu tempo num ambiente com os companheiros. Como deve ser o relacionamento entre os pais e avós? Onde é o lugar dessa criança? Onde estão os irmãos e irmãs? Como você visualiza isso?

-Filhos não são moldados pelos pais ou avós. Eles são moldados por seus companheiros ou por suas atividades. Eles precisam dos avós para capacitá-los em seu ambiente e para ajudá-los e servi-los, nada mais do que isso.

Eu penso, contudo, que não haverá nenhum problema nessa área e os pais nem precisam passar por certo tipo de educação. O que os pais precisam entender é que eles não devem interferir. Eles não deveriam educar seus filhos.

Eles apenas têm de providenciar a reação certa, assim a criança entenderá que não importa onde ela esteja, mas que estará sempre num ambiente que a ajuda e exige conscientemente um tipo específico de desenvolvimento para ela, o tipo certo de entendimento e interação com o ambiente ao seu redor. Nada mais será requerido dela. Pais não deveriam ser educadores.

A razão é para que o aprendizado aconteça num ambiente de pessoas que são como você, que são iguais a você, com as quais você sempre interage.

Pais são percebidos como alguém superior e grande, como alguém que lhe serve e cuida de você. Eles, no entanto, não são considerados educadores.

O desenvolvimento ocorre em um ambiente social amplo, não em uma pequena esquina onde as únicas pessoas ao redor são minha mãe, meu pai e eu. Isso é bom somente até a idade de dois anos.

- Suponha, porém, que a criança volte para casa chateada, porque algo ruim aconteceu. Como os pais devem reagir a isso?

-Eu não acho que os pais possam realmente entender a situação da criança e oferecer uma análise correta do que está acontecendo. Isso é algo que ela tem de fazer no grupo, a partir de debates e discussões.

Nós temos de abordar o mundo realisticamente, não estamos vivendo ainda num mundo corrigido, onde a criança é admitida imediatamente dentro do processo de desenvolvimento correto em casa e em todos os lugares aonde ela vai. Nós ainda não estamos vivendo uma situação ideal.

Idealmente, todos os problemas devem ser recebidos no lugar onde eles aparecem, no mesmo círculo de crianças em que ela foi educada. Ela não deveria ter nenhum outro ambiente.

- O que os pais devem fazer? Eu também tenho filhos e sei que, quando meus filhos chegam em casa chateados, quero abraçá-los e confortá-los. Eu posso fazê-lo ou isso está errado?

-Por que confortá-los? Você não deve fazer isso, mas pode abraçá-los. Quando você encontra uma pessoa que lhe é próxima, você a abraça, isso é natural.

Eu penso, no entanto, que nós alcançaremos um nível de comunicação em que não teremos a necessidade de sentir as pessoas pelo toque. Nossas sensações interiores e a habilidade de sentirmos uns aos outros se intensificará até o ponto em que o corpo não será um órgão necessário ou um meio de contato.

- É difícil imaginar, porque, por enquanto, o contato físico é uma fonte de imenso prazer.

-Por enquanto tudo passa pelo corpo, porque não temos outras sensações a não ser essa. Quando, porém, nos desenvolvemos gradativamente para fora de nós mesmos e nos conectamos com os outros para percebermos o mundo a partir dos outros, o corpo recua e começo a sentir minha inclusão e conexão direta com os outros. Minha imagem torna-se incluída na imagem dos outros e simultaneamente torna-se a imagem que eu compartilho com eles.

Consequentemente, uma sensação de conjunto emerge, mas ela não é mais uma sensação corporal como a que tenho ao abraçar os outros, ou ao deixá-los experimentar o que estou comendo, ou quando participamos de uma refeição em conjunto, ou trocamos algum tipo de contato físico. Em vez disso, surge um novo tipo de contato, mesmo no sentido sexual. É que tudo cresce numa esfera diferente de sensações, combinações e conexões entre as pessoas, até o ponto no qual o mundo no nível animal perde a importância. Isso é o que irá acontecer gradualmente. É claro que isso está muito à frente de nos, e é irreal falar sobre isso agora, mas eu quero mostrar para onde estamos nos dirigindo.

- Nós, definitivamente, temos de saber sobre isso. Você sabe por que estou tão interessado nos pais? Porque a maioria das perguntas sobre o método parte deles. Uma das funções dos pais é fornecer segurança aos filhos.

- É o mais importante, e ocorre o mesmo com os animais. A única coisa que os guia é a segurança de suas crias.

- Influenciados por essa necessidade tão importante, os pais estão querendo descobrir mais sobre o que está acontecendo com seus filhos nesses cursos, como eles interagem nesse ambiente etc.

-Seus filhos serão filmados constantemente, assim os pais podem assistir a tudo de casa. E não apenas eles. Estamos praticando isso atualmente em nosso centro de educação. Temos muitos grupos por todo o mundo em nosso sistema de aprendizado. Alguns desses grupos são primários, isto é, conduzem um trabalho constante de pesquisas e discussões a respeito deles. Eles filmam e mostram o material para todas as outras pessoas. Você pode ver pela internet, tecle URL e assista a um determinado grupo e o que ele está fazendo em qualquer momento.

Há horários específicos, quando nossos grupos primários realizam o trabalho principal, em que simplesmente transmitimos tudo o que acontece no local. Os outros grupos sentam e assistem, escutam e estudam essa experiência ao vivo em suas localidades.

- Eu gostaria de perguntar sobre os pais novamente. Suponha que um pai e uma mãe assistiram a um desses vídeos...

-Eles podem assistir a seus filhos amados 24 horas por dia.

- Eles podem participar de alguma maneira?

- Não praticamos isso ainda. Isso requer um sistema adicional de interação entre pais e filhos, mas penso que será possível no futuro. Eu, no entanto, gostaria de falar sobre o que é possível atualmente e o que será possível num futuro próximo.
Eu acredito que o sistema de interação entre pais e filhos não será criado num futuro próximo. Não tivemos a oportunidade de criar isso ainda.

Como, então, eles podem participar? Para tal eles deveriam estar no nível dos educadores. Mas o que "participação" significa? Se eles não podem se desligar de seu "Eu" pessoal e se controlarem, como eles podem fazer parte do aprendizado?

- Ainda assim, podemos dar aos pais alguns conselhos práticos. Por exemplo, quando a criança chega em casa, os pais devem expor seus pontos de vista de alguma maneira?

-O aprendizado não deve ser continuado em casa. O que é pedido aos pais é que sejam gentis, carinhosos, amorosos. Eles não devem educar as crianças. Eles simplesmente devem lhes dar suporte corporal e animado, proporcionar-lhes uma boa dose de confiança, que é o de que elas precisam, e isso é tudo. Não penso que seja dever dos pais transformar os filhos em seres humanos. Somente o ambiente ao redor pode fazer isso. Só a sociedade pode fazer a pessoa, porque a pessoa é parte da sociedade.

Pais não podem criar um ambiente em volta das crianças ou uma imagem que permita que elas se tornem uma pessoa. Tentando isso, eles simplesmente farão com que elas permaneçam crianças para sempre. Isso é o que vemos hoje na maioria das vezes, como um homem adulto, de 40 anos de idade, que não consegue se separar de sua mãe.

Quem pode ser um educador

- O talento pessoal ou o nível de preparação do educador importa? Quem pode ser um educador e quem não deveria ser?

-Essa é uma pergunta muito importante. Primeiramente, o educador tem de ter sido educado de um jeito que lhe permita elevar-se acima dele mesmo e de qualquer uma de suas qualidades pessoais, isto é, ser o mais objetivo possível em sua interação com as crianças.

É claro que, a seus olhos, nenhuma das crianças deve ser boa ou ruim, atraente ou não. Vocês sabem muito bem como isso influencia nossas atitudes em relação às crianças. O educador não pode ver ninguém como inteligente ou imbecil. Ele deve tratar a todos somente do ponto de vista de seu desenvolvimento: como eu posso ajudá-los a ser moral, espiritual, física e, mais importante, socialmente saudáveis?

O educador deve ser grato às crianças, porque elas fazem com que ele se desenvolva. Elas lhe proporcionam um ambiente fértil para um trabalho constante sobre si mesmo, ele aperfeiçoa seu nível espiritual e se desenvolve junto com elas. Afinal de contas, trabalhar em si mesmo é uma atividade maravilhosa.

O educador deve travar discussões constantes com outros educadores e expandir continuamente seu conhecimento no método de educação integrada global. Ele tem de estar nesse sistema de ensino e autoestudo vinte e quatro horas por dia.

É muito importante para ele estar numa sociedade de educadores que se importa somente com isso, que o influencia e que se empenha constantemente em transformar cada criança em um ser humano, assim como ele. Ao mesmo tempo, essa sociedade deve influenciá-lo de modo a transformá-lo em um ser humano.

Isto é, ele deve ser uma pessoa que constantemente se desenvolve espiritual e moralmente e para quem o desenvolvimento espiritual é a meta da vida.

Em princípio, essa é a meta de sua existência; é a meta de todos, da sociedade humana inteira. Essa é a tarefa que a Natureza nos deu. Esse é o desafio que ela propôs a nossa geração. E o educador deve simplesmente fazer com que tudo isso aconteça na prática.

É claro que suas qualidades pessoais são importantes. Crianças precisam ter educadores com variedade de qualidades e expressões externas. As crianças devem perceber essas expressões vívida e tangivelmente e discerni-las, percebendo que os educadores não são um tipo de máquina. Em vez disso, os educadores devem ser indivíduos marcantes.

Em dado momento, nós começamos a misturar as crianças com os adultos, assim elas podem se adaptar aos adultos e não somente a seus companheiros. Em seguida, os educadores simplesmente se fundem com o meio ambiente externo e circundante.

Pelo menos uma ou duas vezes por semana nós deveríamos organizar eventos em que as crianças e os adultos se unam. Quando as crianças participam desses eventos juntamente com os adultos, elas começam a entendê-los melhor, a aceitá-los e veem que os adultos também as apoiam, dão lugar a elas, deixando que se expressem, assim como os adultos fazem entre os adultos.

Pg. 52 - **NÓS CRESCEMOS BRINCANDO**

- Os Cinco Atributos de um Jogo
- A Vida é um Jogo
- Jogando Conforme as Regras
- Jogando Até Alcançar Total Equivalência com a Natureza
- "A Boa Babilônia" — Um Jogo para Internet
- Um Voo Sobre o Universo
- Revelando a Natureza de Bondade

Outro tópico que eu gostaria de discutir são os jogos jogados por crianças e adultos. Há algumas décadas atrás, Johan Huizinga, historiador da cultura e filósofo, publicou um livro intitulado *Homo Ludens* (Homem Jogador), que se tornou *cult*. Depois de sua publicação, as pessoas começaram a conversar muito sobre o papel dos jogos no desenvolvimento do homem e da vida em geral. Então o que é um "jogo"?
- A extensa influência dos jogos sobre o desenvolvimento humano é conhecida desde os tempos antigos. Nós gostamos de brincar. E falando de maneira prática, nós gastamos a maior parte das nossas vidas brincando. Até mesmo o meu exame de pré-dissertação em filosofia incluía uma questão sobre jogos.
Os jogos estão em toda parte, inclusive na matemática e na Natureza. Os jogos têm um papel muito importante no desenvolvimento dos animais e até mesmo das plantas. O elemento lúdico está presente em qualquer transformação, em qualquer movimento para frente de um estado para outro.
- Não obstante, há a noção de que os jogos estão relacionados somente à infância e que, quando uma pessoa cresce, torna-se inapropriado, porque ela tem de ser mais séria.
- Infelizmente essa noção existe de fato. É claro, porém, que essa é uma percepção enfadonha acerca do mundo. Quando uma pessoa para de brincar, ela para de se desenvolver.
OS CINCO ATRIBUTOS DE UM JOGO

- Todo jogo tem cinco atributos ou características fixas. A primeira característica de um jogo é que o jogador é livre e participa dele voluntariamente. Huizinga escreveu que jogo é liberdade.

No método integrado, nós estamos falando sobre um grupo de crianças. Como nós arranjamos as coisas de modo que suas ações sejam voluntárias? Uma criança pode se juntar ao jogo e deixá-lo à vontade ou não?

- "Voluntário e livre" referem-se à escolha de ações e atos até a pessoa (seja criança ou adulto) se tornar certa de que está agindo de acordo com sua convicção, com a análise que ela fez e com a decisão que ela alcançou. Enquanto ela não estiver certa sobre o próximo movimento, ela não o faz.

E quando ela age na vida, ou "faz um movimento", assim como em um jogo, ela sabe claramente que está fazendo isso por si mesma. Ela alcançou isso por si mesma e está agindo dessa forma por si mesma.

- Este, então, é o primeiro atributo: agir voluntariamente e ter a liberdade de entrar e sair.

Segundo: um jogo é sempre um "faz de conta". A criança tem de saber que é apenas um jogo.

Terceiro: um jogo requer uma área espacial e um tempo, quer dizer que há um começo e um fim e certos limites espaciais.

Quarto: um jogo sempre vem com regras.

Quinto e último: o importante é o processo do jogo, enquanto o resultado é secundário. Huizinga mesmo disse que, tão logo um resultado apareça no jogo, ele deixa de ser um jogo.

- Se o resultado é definido com antecedência, ele limita a liberdade de escolha.

- Você disse que existem jogos no reino animado e até mesmo no das plantas. Poderia explicar?

- Nós observamos os elementos de um jogo até mesmo no nível de desenvolvimento celular, no desenvolvimento dos organismos e dentro de organismos vivos.

Nenhum crescimento ou desenvolvimento é possível sem a presença de diversas possibilidades. Sempre tem de haver uma escolha especifica que é jogada e feita, e essa escolha é sempre feita por meio de um jogo. Isso pode ser explicado usando a teoria das probabilidades, a teoria matemática e outras. Quer dizer, nós vemos que a Natureza está jogando.

A VIDA É UM JOGO

- Por alguma razão, acabei de me lembrar de um jogo de azar que costumava ser popular. De onde vem a esperança que as pessoas depositam em jogos de azar?

- Quando nós não sabemos exatamente qual é a decisão correta, nós nos colocamos nas mãos da sorte, esperando que haja um destino, uma força superior imprevisível que nos controla, e nos entregamos a ela. É claro, em jogos nós não levamos isso tão a sério.

Na vida, entretanto, nós vemos que, mesmo quando planejamos à frente e queremos que tudo caminhe de acordo com nosso plano, as coisas começam a se desdobrar de forma diferente. É aí que surge uma discrepância entre o senso comum, meus dogmas estabelecidos e o que realmente acontece na vida.

Como eu posso abandonar meus dogmas e me unir com as ações que estão acontecendo atualmente fora de mim, sob a influência da uma força superior externa da Natureza?

A humanidade está entrando em um estado de governança integrada global da Natureza. Anteriormente nós não notávamos isso, mas o desenvolvimento através das gerações de acordo com o nosso egoísmo mudou a nós mesmos, a sociedade e a ordem social.

Hoje, no entanto, nós — individualistas, egoístas — estamos começando a nos encontrar em um formato completamente diferente. Nós estamos incluídos em um mecanismo que opera integralmente, como um sistema analógico em que todas as partes estão completamente interconectadas, mutuamente determinantes umas às outras e sem qualquer liberdade de movimento. Uma pessoa influencia o mundo inteiro com seus pensamentos e desejos, sem mencionar as ações físicas. Isso é chamado " o efeito borboleta".

Há uma contradição entre como fomos criados, como mapeamos o mundo baseados em nossa natureza, e como a Natureza atualmente funciona na realidade. Uma discrepância surge entre os dois sistemas. E é ai que o desejo de jogar emerge.

Jogar significa entregar-se à vontade da Natureza integrada que nos controla, a qual não podemos entender e com a qual não podemos agir em sintonia. Além do mais, uma pessoa parece entregar-se a uma força, uma governança que vem da Natureza. Em um sentido, ela joga um dado, pensando "O resultado não depende de mim. Estou simplesmente me entregando ao capricho do acaso". Então, o que devemos fazer?

Se tentarmos "formar um time" com a Natureza, poderemos ganhar. É claro, nós não estaríamos, irrefletidamente, "jogando dados", mas tentando penetrar a governança integrante. E mesmo isso parecendo contraditório ao nosso senso comum, se tentarmos chegar mais perto dessa governança integrante, veremos que algumas vezes vale a pena agir dessa maneira integrada, a vantagem de fazer isso é obvia.

- Se nós pegamos um jogo tradicional, normal, imediatamente surge um estereótipo, a ideia de competição e de que, ao final, um lado irá ganhar e outro perder.

Quando você fala sobre "vencer" o jogo global integrado, o que você quer dizer? Quais são o objetivo e o resultado desse jogo?

- O objetivo é não agir de um modo que esteja fadado ao fracasso, porque totalmente desconectado de ações que são incutidas na Natureza, as quais a Natureza vai realizar de qualquer maneira.

Se nós agirmos de maneira levemente diferente da Natureza, sofreremos na mesma extensão do nosso desvio do programa da Natureza. Se eu desviar 10 graus da lei integrada de desenvolvimento da Natureza, ou se eu desviar 20 ou 30 graus, consequentemente haverá terremotos, tsunamis, furações, catástrofes financeiras ou até mesmo guerras.

Se começarmos estudando a nós mesmos em relação à governança integral sob a qual existimos hoje, poderemos prevenir muitas catástrofes e gradualmente aprender a sentir e analisar nossas ações, para discernir se elas são desejáveis ou não. Uma velha máxima diz: "Se você não sabe como agir, é melhor se sentar e não agir", porque, agindo sem saber como, você se desvia do curso correto, entretanto, não agindo, você apenas flui passivamente com o movimento.

JOGANDO CONFORME AS REGRAS

- Regras são muito importantes em qualquer jogo. Você pode descrever as regras desse jogo global integrado?

- Em tecnologia há o conceito de sistema "integral, analógico", no qual a entrada e a saída são conectadas através de todo o sistema e todas as suas partes são completamente interconectadas, como engrenagens em um mecanismo fechado.

Conforme nós nos desenvolvemos, o vínculo entre nós se torna mais e mais rígido. No passado, nós poderíamos "dar um jeitinho" e de certa forma unir nossas pequenas engrenagens umas às outras apenas levemente. Hoje, no entanto, estamos nos movendo para um estado em que cada pessoa está necessariamente girando em um engate rígido com os outros, determinando, assim, se a humanidade se moverá em uma direção favorável ou desfavorável.

Portanto, se nós mapearmos nossas vidas menos de acordo com nosso egoísmo e mais de uma maneira mais integrada, chegaremos à conclusão comum de que é necessário criar um sistema conjunto de governança, um governo mundial que unirá todas as nossas operações em um sistema único. Esse é o caminho para alcançarmos um maior entendimento acerca desse sistema integrado e prevenirmos muitas catástrofes.

Nós vemos tremendas mudanças ocorrendo no mundo atualmente, tais como revoluções nos países do Oriente Médio, e não apenas lá. É assim que um governo mundial gradualmente se forma. A vida está nos forçando a isso. Seria melhor, no entanto, se tudo acontecesse de uma maneira mais humana e a abordagem frente a esse governo de desse de modo mais ordenado.

- Se acreditamos que o homem joga e age conforme as leis da Natureza, quem se oporá a ele?

- Uma pessoa corrigida é oposta a uma egoísta. Primeiramente, é necessário agir de maneira menos egoísta.

Atualmente, qualquer jogo de protecionismo traz horríveis consequências. É como se você estivesse girando as engrenagens na direção oposta. Isso é o que primeiro o prejudica. É necessário, portanto, parar de alguma forma esse movimento isolado, egoísta, de cada pessoa em sua própria direção. O mundo precisa ser convencido de que a cooperação é necessária. E hoje nós podemos fazer isso.

O que significa essa cooperação? Nós precisamos levar o mundo inteiro a seguir as decisões globais. Primeiramente, vamos nos aproximar! Vamos imaginar que não existe a América do Sul com seus ditadores, não há domínios no Oriente, não existem EUA ou Rússia, Europa ou China com sua população explodindo, mas que todos estamos num país global e integrado. Hoje temos o poder de fazer isso, porque dependemos uns dos outros economicamente, politicamente e especificamente para a provisão de matérias primas básicas. Nós podemos alcançar esse estado de cooperação e então envolver o elemento jogo.

- Você acabou de tocar em uma questão que está diretamente conectada com a formação. Minha geração foi educada para acreditar que, se você não gosta de algo ou não pode fazer algo, tem de tentar com mais força e eventualmente você irá conseguir. O que você está descrevendo soa, no entanto, completamente diferente. Então, eu tenho de me esforçar ou eu devo parar, olhar ao redor e ver onde estou e o que devo fazer depois?

- A maioria de nossas ações nos leva a resultados opostos, portanto nós não devemos continuar tentando e, assim, causando mais danos. Primeiro, nós temos de discernir se estamos ou não em harmonia com a Natureza. Isto é, até que ponto a Natureza apoia nossos planos e ações? Então nós temos de nos perguntar: "O que é requerido de nós?".

Nós nos desenvolvemos sob a influência de unidades internas que a Natureza incute em nós, as quais nós apenas realizamos. Não seria melhor primeiramente descobrir que planos são inerentes ao nosso desenvolvimento natural e depois nos construirmos de acordo com eles?

A Natureza pode nos desenvolver misericordiosa ou rudemente, dependendo de como nós nos posicionamos. Esse posicionamento favorável é nossa primeira tarefa.

- Em muitos jogos que conhecemos, além dos jogadores há uma personagem objetiva, um árbitro. Se falarmos sobre o jogo global e integrado, há um árbitro nele, alguém que aja mais objetivamente que nós?

- Seria bom se houvesse uma assembleia de pesquisadores, cientistas sérios, sociólogos, cientistas políticos e economistas que pudessem trabalhar juntos. Isso porque nós constituímos um sistema único no qual tudo está interconectado. Nós entendemos que as decisões não podem ser tomadas à força. Eu penso que hoje isso está mais claro para todos. Noções acerca de estruturas de poder que podem decidir sozinhas, governar e executar estão desabando. Tem de haver, portanto, um árbitro, um sério grupo de pesquisas que ofereça suas decisões e soluções depois de observar o que está acontecendo, um grupo que possa verdadeiramente comparar a sociedade com a Natureza, reconhecer os erros e fazer avaliações, tornando nossas ações subsequentes mais corretas.

JOGANDO ATÉ ALCANÇAR TOTAL EQUIVALÊNCIA COM A NATUREZA

- De acordo com a teoria dos jogos, o componente mais importante de um jogo são suas regras. Essas regras deveriam ser fixas ou deveriam estar sujeitas a mudanças?

- Elas mudam constantemente, porque nós investigamos mais profundamente dentro de nós mesmos e também o mundo ao nosso redor e constantemente nos descobrimos como globalmente conectados em camadas mais profundas. A Natureza é integrada e global em cada um de seus níveis; não há nem um único átomo no universo que não evoque mudanças no universo inteiro quando muda. Essa globalidade é total. O problema é que nós ainda não podemos sentir esse sistema e, assim, não podemos governar a sociedade humana.

Você pode imaginar que o estado ideal que a Natureza definiu para nós é aquele no qual qualquer movimento que façamos — físico, integral, no nível dos desejos ou em nossas mentes — está em total harmonia com o universo inteiro!? É simplesmente inconcebível o que nós temos de alcançar e como nós vamos perceber a Natureza no final do nosso desenvolvimento. A Natureza, porém, irá nos levar a isso.

Há um elemento de jogo, quando nos comparamos a essa natureza global e integrada e continuamente nos movemos frente a ela, porque há muita coisa que nós não sabemos. Nós não sabemos nosso próximo passo. De alguma forma, nós temos de antecipá-lo, representá-lo. Talvez nós possamos representá-lo e de alguma forma implementá-lo em nossa sociedade, possivelmente em partes da sociedade em que estejamos estudando esse fenômeno que queremos introduzir em nosso ambiente imediato ou na sociedade humana geral.

Há muitos elementos de jogo como esse que pertencem mais a uma pesquisa do que a um jogo. A pesquisa, porém, também é uma forma de jogo. E desde que estudemos a Natureza e a nós mesmos em níveis cada vez mais profundos, o jogo é constantemente todo o caminho para a total equivalência com a Natureza, um estado que nós não podemos imaginar hoje.

Nós, entretanto, podemos supor que isso é o que a Natureza tem decretado e incutido, e é para onde a Natureza está nos levando. Aparentemente, o egoísmo foi deliberadamente criado no homem, para que lhe fosse possível jogar, quer dizer, se desenvolver, todo o caminho até o ponto de entender, tomar consciência, se adaptar e até mesmo participar do governo dessa Natureza totalmente integrada.

- Existem algumas qualidades ou características de comportamento que podem revogar essa oportunidade e impedir alguém de se desenvolver?

- Se a pessoa não concordar, se ela se opuser ao sistema integrado. E nós vamos ver isso muito rapidamente, primeiramente no exemplo de países cujos regimes brutalmente suprimem a habilidade das pessoas de se desenvolverem integralmente.

O que significa "desenvolvimento integrado"? Nesse estágio, regimes fundamentalistas parecem estar mais perto de realizar a integração, porque eles unem a sociedade, liderando as pessoas sob seu *slogan*, símbolo ou bandeira. Em certo ponto ao longo do caminho, eles devem parecer mais bem sucedidos e mais correspondentes à integração, pelo menos dentro de seu país especifico. Depois, porém, eles irão se posicionar contra qualquer um, contra o governo mais global. Nesse ponto eles irão naturalmente começar a desmoronar. Sua destruição irá evocar mudanças enormes, sua reconstrução interna. Como resultado, cada regime fundamentalista e sociedade virão em contato consciencioso com o seu próprio povo e com outros. E por esses regimes serem egoístas — ainda que conectados internamente com seus egos —, por um lado eles irão parecer estar trabalhando em companheirismo, aparentemente em uma forma que combina com a Natureza. Por outro lado, no entanto, seu vinculo será apenas para ter êxito em destruir os outros, o que os torna opostos à Natureza. Por essa razão, eles terão um sucesso de vida curta, em que o vinculo entre eles prevalece, mas, eventualmente, eles ruirão, uma vez que sua oposição à Natureza se manifeste.

Nós devemos estudar esses fenômenos, mas do ponto de vista de cada uma e todas as partes como um todo, próximo da unidade global.

"A BOA BABILONIA" – UM JOGO PARA INTERNET

- Se olharmos para a sociedade integrada e global no processo de evolução, veremos que a zona de jogo também está se desenvolvendo gradualmente, do escopo de uma sala para o mundo inteiro.

- Se pudéssemos apenas criar esse tipo de sistema de jogo na internet e oferecê-lo a toda a humanidade! Nesse jogo, a recompensa deveria ser bons prêmios e honras, coisas que atraem todos nós, que somos pequenos egoístas. Vamos criar uma sociedade humana única e chamar esse jogo de "Babilônia", mas não Babilônia no sentido negativo da palavra, mas no positivo.

Esse seria um jogo de cooperação. E ele teria de envolver problemas egoístas que gradualmente aparecem em todos os níveis — emocional, pessoal, familiar, entre pessoas e entre civilizações. Ele deveria incluir lutas por fontes de alimentos, matérias primas básicas, riquezas, conhecimento, fama e poder. E as pessoas jogando esse jogo teriam de encontrar soluções para esses problemas. Especialistas, incluindo psicólogos, adicionariam tantos elementos quanto possível nesse jogo, quer dizer que eles moldariam esse jogo para evocar emoções reais nas pessoas.

O jogo iria gradualmente se transformar em um teatro em que o jogador começaria a desempenhar o papel de uma parte integrante da sociedade. Embora virtual por enquanto, ele já irá sentir as mudanças involuntárias ocorrendo com ele e verá resultados positivos desse jogo no mundo real. Verá quanto ele e o espaço ao seu redor se tornaram melhores, mais seguros e mais confortáveis. De fato, esse jogo poderá se tornar um sistema de formação integrada.

Eu espero que um jogo como esse apareça na internet. Que por isso é chamada "Internet" — um sistema mundial, universal que conecta todo mundo.

- Eu não gosto de jogos de computador, mas esse me interessou.

- Essa é uma oportunidade para criarmos uma pessoa, para moldá-la! E ela irá fazer isso por conta própria! Participando desse jogo, ela irá começar a ver oportunidades de mudar a si mesma com o objetivo de atingir uma meta especifica, enquanto recebe recompensas "ao longo do caminho", incluindo aprovação e respeito, ou seja, tudo o que possa ajudá-la a avançar.

Se um adulto jogar esse jogo, as crianças verão como ele se comporta e como isso o empurra para frente. Ou, vice-versa, se os jogadores forem crianças que tiveram sucesso no jogo, os pais ficarão felizes e irão mostrar a elas sua aprovação. Nós temos de usar o egoísmo corretamente para nos movermos para a integração.

Olhe para todas as comunidades da internet! É tudo um jogo! Por que, então, não criamos um jogo desse tipo? Nós, porém, temos de torná-lo produtivo e direcioná-lo para que traga benefícios. Esse tipo de jogo criará um novo tipo de individuo que involuntariamente vê precisamente como tem de jogar na vida. Além do mais, nós sabemos que nossas ações nos transformam.

- Nós, então, não teremos problema de tirar as crianças da frente do computados. Nós não precisaremos fazer isso.

- A criança tomará parte e esse será seu ambiente! Sob a influência desse ambiente, cada um de nós se tornará apto a se experimentar.

E por que a globalidade e a integralidade gradualmente se manifestariam nesse sistema, a partir dele estaremos aptos a trabalhar fora de nossos subsequentes modelos de comportamento. Eu posso me relacionar com esse jogo como se fosse um especialista dos próximos movimentos que tenho de realizar e, consequentemente, cometerei menos erros.

Pode parecer que estou criando um jogo, mas na realidade estou criando um modelo de sociedade correta. Se eu ando por aí como uma ficha de jogo, me colocando em níveis específicos, ações, qualidades, mudanças e comunicação, então eu posso ver onde eu vou ter sucesso e aonde não ir antes do tempo. Além do mais, as leis da sociedade integrada, as quais se manifestam gradualmente nesse sistema, irão me fornecer a reação correta, tanto a negativa quanto a positiva. É assim que irei escolher o melhor movimento possível para alcançar meu objetivo de equilíbrio com o sistema inteiro, em direção ao meu estado mais confortável.

- E qual é o centro desse sistema equilibrado? Como eu posso dizer que estou me movendo precisamente para o centro?

- Isso é fácil: eu me sinto melhor do que em qualquer outro lugar. Por um lado, eu me sinto absolutamente livre e, por outro, absolutamente conectado a todos, o que me dá ainda mais liberdade.

É espantoso como, experimentando situações conflitantes e influências, eu sinto que estou preso a um ciclo com todas as outras engrenagens, girando com elas, já que estamos em um jogo coerente. Nós experimentamos prazer mútuo, expansão mútua, alcance, entendimento e divertimento. Eu recebo tudo e não oculto nada de ninguém. Gosto de estar em harmonia com os outros e outorgar a eles.

É como em um jogo cujo passe da bola cria o estado de jogo entre nós, no qual interagimos com cada um da maneira certa. A mesma coisa acontece aqui, mas em toda extensão e em todos os níveis, incluindo o animado e o humano. Eu começo a experimentar em mim mesmo o estado de um jogo global, integrado e maravilhoso. Fluxos de comunicação fluem através de mim como uma bola passada em um jogo. Nós experimentamos o prazer de jogar o jogo precisamente nessa harmonia.

UM VOO SOBRE O UNIVERSO

-Você tem mencionado repetidamente quão importante é para uma pessoa sair de seu "eu" e experimentar um papel diferente, ou olhar para dada situação de vida de uma perspectiva diferente. Se nós imaginarmos que nesse jogo global existem homens e mulheres de diferentes idades e profissões, então eu posso me inscrever e me tornar uma criança, por exemplo, ou devo sempre ser eu mesmo?

- Se eu me sintonizar a esse sistema, terei de incluir todos em volta dentro de mim. Caso contrário, não serei capaz de me conectar com eles harmoniosamente. Tenho, então, de conhecer e entender todo mundo. Isto é, eu tenho de revelar todas as minhas qualidades e todas as inclinações que existem em mim desde o começo, mas que, por enquanto, estão ocultas ou distorcidas pela Natureza. Eu me tornei um egoísta mutante! Se, porém, eu começar a revelar essas qualidades dentro de mim, irei descobrir a habilidade de sentir toda a Natureza — suas partes inanimada, vegetativa e animada —, bem como toda a humanidade, e até mais além.

Quando nós incluímos tudo dentro de nós, quando todos os fluxos de informação, pensamentos e desejos passam através de mim, eu começo a sentir o nível seguinte mais elevado da Natureza, seus planos, seu pensamento integral, a causa e o efeito, sua meta e o estado final da minha existência.

Em todo pedaço ou fragmento das ações da Natureza, vemos uma causa e efeito de desenvolvimento com um objetivo específico em cada etapa. Nós, porém, não vemos a meta final! Atualmente essa meta final é definida como harmonia absoluta de todas as partes da Natureza.

A partir da união entre nós e com o mundo inteiro ao redor, nós começamos a sentir o plano da Natureza e seu estado final, a meta. Nós começamos a sentir a nós mesmos existindo simultaneamente no próximo nível, que é informacional, comum e completo.

Uma pessoa começa a sentir eternidade, infinitude, perfeição, que existem além do nosso universo, no pensamento infinito da Natureza, o qual incitou essa gota de energia a explodir e criar nosso universo.

E talvez nós venhamos a sentir ou observar nosso universo conceitualmente, de fora. Isso, no entanto, já é uma mente diferente.

Isso abre tremendas perspectivas a nossa frente. E é o que deve acontecer, porque a realização da integralidade nos leva além dos limites do nosso universo. Esse é um avanço para o próximo nível de sensação, alcance e informação.

- Por entrar nesse jogo global na internet e começar a interagir, construindo o sistema comum, eu me tornarei apto a imaginar essa imagem comum?

- A sensação de integralidade, a conexão universal no nível de um ser humano inteligente (*homo sapiens*) o leva a um estado em que você inclui o sistema inteiro da Natureza dentro de você, inclusive suas partes mais baixas — inanimada, vegetativa e animada. Dessa forma você começa a entender seus planos, a fórmula interna de interconexões.

- Quando a integração se torna sua natureza, você começa a sentir o plano da Natureza. Quando você alcança o seu estado corrigido, você se torna um fruto maduro e começa a entender o significado de sua existência. É quando você se eleva ao próximo nível

- Isso tudo pode ser feito a partir da internet, por um jogo?

- Isso é alcançado mudando o homem. E a princípio, é por isso que o egoísmo nos foi dado. Com sua ajuda, por constantemente ascender acima dele e mudar a nós mesmos de maneira contrária a sua influência, a qual parece que nos segura e entrava nosso caminho, nós nos desenvolvemos integralmente e assimilamos essa integração. Em outras palavras, o egoísmo nos ajuda constantemente a nos desenvolver.

Similarmente, quando você é um estudante do nível fundamental ou é universitário, você não pode avançar a menos que solucione exercícios no processo de estudo. É assim que nós nos desenvolvemos na Natureza, a partir de constantes resoluções de algum tipo de problema.

Há uma meta muito interessante a nossa frente. Nosso egoísmo é como um exercício de desenvolvimento constante e desgastante. Se nós tentarmos resolver esse exercício, nosso egoísmo se transformará em conexão, amor mútuo, altruísmo e integralidade.

Consequentemente veremos que fomos criados desse jeito de propósito. Esse egoísmo foi constantemente desenvolvido na humanidade através da história justamente a fim de nos levar hoje à realização inteligente em nossa comunidade. Então, precisamente graças a ele, por transcendê-lo, realizando-o no que parece ser a direção oposta — a direção de conexão e integração entre nós —,veremos que tudo isso foi criado com esse propósito, que é precisamente a fase superior da Natureza — a egoísta — e ele está nos puxando para o próximo nível. Que nível é esse? Nós iremos descobrir apenas quando nos elevarmos até ele. Nós iremos simplesmente senti-lo.

Informação, energia, pensamento e desejo irão mudar para um nível completamente diferente. Com a ajuda deles, pela conexão integral entre nós, nos elevaremos a um nível diferente de existência. Eu suponho que seja mais alto do que os pontos inicial e final de nosso desenvolvimento dentro das fronteiras deste universo. Será um nível acima do nosso universo.

REVELANDO A NATUREZA DE BONDADE

- Quem define as regras desse jogo global, integrado que pode acontecer na internet?
- Nós definimos. O ponto principal do jogo é que praticamente não há regra. Nós, os jogadores, gradualmente criamos essas regras por nós mesmos. Juntos, gradualmente as aceitamos, as aprovamos e então as corrigimos. Nós o aperfeiçoamos e o corrigimos constantemente, porque ele é um sistema vivo.

Nós estamos construindo uma comunidade integrada fora de nós mesmos. E nela, você e eu determinamos que leis e regras de comportamento temos de observar para que possamos todos girar como engrenagens, funcionando da melhor maneira possível e provendo um ao outro com o melhor suporte.

Vamos começar desenvolvendo esse sistema. Eu estou certo de que tudo isso é herdado da Natureza. Tão logo nós comecemos a nos mover de acordo com seu plano, que deseja vir para a vida dentro de nós, começaremos a receber pistas. As crises estão acontecendo, porque estamos indo contra esse plano. É como se estivéssemos constantemente tentando sabotar a nós mesmos.

Quando começarmos a trabalhar de acordo com a Natureza, começaremos a ter os pensamentos e desejos corretos. Começaremos a entender melhor um ao outro, e regras completamente diferentes se formarão. Até mesmo nossos sentimentos e pensamentos mudarão de egoístas para integrados. Nós começaremos a resolver tarefas de uma maneira diferente e veremos camadas completamente diferentes da Natureza, que são mais internas. Nós iremos ver de onde a Natureza nos governa.

Hoje percebemos toda a Natureza a partir da lente de nosso egoísmo, prestando atenção apenas ao que é rentável para nós ou nos ameaça. Eu não vejo o restante da Natureza.

Todos os tipos de coisas devem estar acontecendo ao meu redor, mas eu observo a realidade circundante apenas na extensão do desenvolvimento do meu ego — o que é bom para ele e o que é ruim. Eu projeto toda a informação e todas as influências que me afetam a partir desse filtro.

É como se todo o resto não existisse! Eu não noto mais nada. Suponha que amanhã meu egoísmo fique maior (de fato, ele está sempre crescendo). Nesse caso, eu irei de repente descobrir novos fenômenos e leis na Natureza. Tudo é determinado pelo crescimento do meu egoísmo.

Se, além do crescimento do nosso egoísmo, nós criarmos um sistema integrado entre nós, deixaremos passar através de nós, nessa conexão integral, informação completamente diferente acerca da Natureza. E essa informação será altruísta e não egoísta.

Quando isso acontecer, nós começaremos a entender a segunda força da Natureza — não aquela egoísta, que eu sinto hoje, em que notamos apenas uma luta de opostos. Por trás dessa segunda força, nós não vemos uma luta, mas imensa bondade, amor e reciprocidade, exatamente o que permite a continuação da vida. A vida nunca teria surgido na Natureza sem a existência de uma força boa que empurra tudo para a união e o crescimento. Hoje parece que nós observamos apenas a força má da Natureza, mas podemos descobrir a boa, a força do bem.

É claro, "força do bem" e "força do mal" são apenas palavras. Tudo é percebido em relação ao observador, mas iremos descobrir uma miríade de coisas novas. Na justaposição desses dois sistemas — percepção da Natureza egoísta ou altruisticamente — entenderemos realmente o tipo de mundo onde vivemos. Então poderemos começar a entender nosso estado de antes do nascimento e de depois da morte.

Há muitas conjecturas aqui, mas, em geral, todas elas estão sendo reveladas para nós hoje, como um possível campo para pesquisas.

- Você está dizendo que essa força boa existe potencialmente e nossa tarefa é revelá-la, interagindo corretamente? Eu sou um pouco cético. A internet existe há muitas décadas. Na Europa e na América, uma geração inteira já surgiu nesse período e está agora com 40 anos. Como psicólogo, eu encontro essas pessoas e sei que elas perderam as habilidades elementares da comunicação física natural. Eu, portanto, me acautelo e imagino se o homem irá perder essas habilidades, caso mergulhe nesse nosso sistema de jogo virtual.

- O desenvolvimento não depende de nós. No melhor cenário, somos observadores, nós não estamos aptos sequer para observar e avaliar adequadamente o que está acontecendo, porque isso depende inteiramente do desenvolvimento da nossa natureza.

Nós criamos a internet porque nosso desenvolvimento interno nos empurrou para isso. Nós não a criamos há cem ou mil anos atrás, porque nossa consciência e desejos internos egoístas ainda não nos haviam levado a fazer isso.

O tempo chegou, portanto as condições tecnológicas necessárias foram criadas. A necessidade por esse tipo de comunicação surgiu e é por isso que ele emergiu e veio a existir. Não há motivo de voltar atrás e tentar ir contra esse fluxo. Pelo contrário, eu devo olhar para frente. Além do mais, a partir desse sistema, a humanidade está descobrindo a si mesma como mais conectada, e não no sentido físico. Por outro lado, o que a conexão a partir de nossos corpos nos proporciona?

Atualmente nós não estamos usando essa conexão em toda a sua extensão, exceto para preencher nosso egoísmo, para lucrar ou manipular as pessoas.

E se começarmos a usar a internet como uma comunidade virtual boa, que nos elevará da conexão virtual para aquela espiritual e integrada? Assim, com o espírito das pessoas e a comunicação apropriada, elas irão adquirir uma sensação completamente diferente de união e de cada uma delas. Isso é impossível sem a internet, por isso eu vejo tudo como positivo.

Em geral, eu não vejo nada negativo na humanidade ou no seu progresso. É claro, esse progresso poderia ter sido muito mais produtivo e misericordioso, mas isso depende do comportamento da humanidade nesse processo, da extensão em que não resistimos a ele, o entendemos e participamos dele com o melhor de nossas habilidades.

Em minha opinião, a saída do contato físico, do contato egoísta virtual para aquele altruísta integrado levará a um estado completamente diferente. Gradualmente, nós realmente perderemos a sensação dos mundos inanimado, vegetativo e animado e passaremos a um estado em que tudo é determinado por energia, informação e nossos pensamentos e desejos, em vez do conforto dos nossos corpos animados.

Essa é a próxima fase do desenvolvimento humano. Não há outra possibilidade! É para onde a Natureza está nos empurrando. As fases que temos atravessado claramente mostram que a humanidade tem de ascender para o nível dos pensamentos, desejos e informação em que estamos todos interconectados. Isso, restritamente falando, é o que define uma comunidade como humana. A comunidade humana não é os nossos corpos, mas precisamente o sentimento interno.

- Há alguns dias eu conheci um rapaz que gasta todo o seu tempo no mundo virtual. Como resultado, ele perdeu seu emprego e foi despejado de seu apartamento. A questão é: se esse mundo virtual é tão atraente e corresponde às leis da Natureza, onde, então, está a correlação entre o espaço virtual e o físico? Eu ainda deveria devotar tempo e atenção em ganhar dinheiro para não ser despejado do meu apartamento?

- Este é um problema importante: como nos realizamos na comunidade integrada e em nossas vidas cotidianas? Eu, minha família, meu emprego, a sociedade e o mundo — como nossa união na internet impacta nosso mundo e nossas vidas, como nós gradualmente transformamos nossas famílias, nossas relações com nossos parentes e com pessoas próximas a nós, o governo, nosso país e o mundo? Como nossas relações sociais e econômicas mudam de acordo com isso, bem com as indústrias e o governo? Esse é um tópico importante, que requer considerável atenção.

Hoje a humanidade está começando a sentir o desafio da Natureza — que alguma coisa desconhecida e ameaçadora está surgindo a nossa frente. Esse chamado da Natureza está se tornando real rapidamente e nosso problema é apenas como participar dessa realização a fim de nos sentirmos nadando para frente com o fluxo ao invés de remando contra ele e, assim, sofrendo um cataclismo inesperado e crises.

- E se por acaso eu entrar nesse jogo virtual integrado?

- Você tem de participar dele de maneira inteligente, entendê-lo e fazer movimentos independentes. Ele requer sua participação viva. Você não pode dizer "Eu vou pular dentro e deixar a corrente me levar para onde ela for". A corrente não leva ninguém a lugar nenhum, porque a Natureza requer que participemos conscientemente, que passemos para um nível em que sentimos o mundo inteiro e participemos do processo junto com cada um. Você clica no seu vínculo com o mundo todo! E é isso exatamente o que a Natureza requer de nós.

Atualmente ela está nos levando por um caminho áspero, nos mostrando que, se não clicarmos em nosso *link* com cada um a fim de agirmos congruentemente, ela irá nos golpear. Essa é a razão da crise atual, que nos força a alcançar a colaboração.